嗨！有趣的故事

中國女排

葛競

Hi! Story

【出版說明】

在文字出現以前，知識的傳遞方式主要就是語言，靠口耳相傳的方式記錄歷史與情感表達。人類的生活經歷、生命情感也依靠著「說故事」來「記錄」。是即人們口中常說的「傳說時代」。然而文字的出現讓「故事」不僅能夠分享，還能記錄，還能更好、更廣泛地保留、積累和傳承。

《史記》「紀傳體」這個體裁的出現，讓「信史」有了依託，讓「故事」有了新的準則：文詞精鍊，詞彙豐富，語言精切淺白；豐富的思想內容，不虛美、不隱惡。選擇人物一生中最有典型意義的事件，來突出人物的性格特徵，以對事件的細節描寫烘托人物的情感表現，用符合人物身份的語言，表現人物的神情態度、愛好取捨。生動、雋永而又情味盎然。

「故事」中的人物和事件，從來就是人類的「熱門話題」。她是茶餘飯後的趣味談資，是小說家的鮮活素材，是政治學、人類學、社會學等取之無盡、用之不竭的研究依據和事實佐證。

中國歷史上下五千年，人物眾多，事件繁複，神話傳說與歷史事實並存，正史與野史交錯互映，頭緒繁多，內容龐雜，可謂浩如煙海、精彩紛呈，展現了中華文化的源遠流長與博大精深。讓「故事」的題材取之不盡，用之不竭。而其深厚的文化底蘊如何呈現，怎樣傳承，使之重光，無疑成為《嗨！有趣的故事》出版的緣起與意趣。

《嗨！有趣的故事》秉持典籍史料所承載的歷史精神，力圖反映歷史的精彩與真實。深入淺出的文字使「故事」更為生動，更為循循善誘、發人深思。

《嗨！有趣的故事》以蘊含了或高亢激昂或哀婉悲痛的歷史現場，以對古往今來無數先賢英烈的思想、事蹟和他們事業成就的鮮活呈現，於協助讀者不斷豐富歷史視域和深度思考的同時，不斷獲得人生啟迪和現實思考，並從中汲取力量，豐富精神世界，在實現自我人生價值和彰顯時代精神的大道上，毅勇精進，不斷提升。

【導讀】

有這樣一群姑娘，她們是充滿活力與自信的運動員。她們經歷了重重考驗，以頑強的意志、不屈不撓的精神贏得了一次又一次勝利。她們就是中國女子排球隊。

她們，讓「女排精神」成為中國的一面旗幟，振奮了民族精神，「女排精神」給中國當時的社會注入了信心。看著女排姑娘們一次一次的飛身魚躍救球，一次一次帶傷參加比賽，這種不拋棄，不放棄的精神，一直擴散到各個行業，影響了一代人。

「女排精神」的核心不是輸贏，而是我們一起盡全力拚搏！幾十年來，「女排精神」一直散發著耀眼的光輝，感動和鼓舞了無數人。它讓我們知道，只要頑強拚搏，永不放棄，不管條件多麼艱難，不管對手多麼強大，都可以不斷超越自我，創造輝煌。

也許，你是個體育迷，那你在這本書中會瞭解一群運動員、一支球隊在成長的道路上要迎接怎樣的挑戰，又該怎樣戰勝自己，浴火重生，取得勝利。

也許，你是一個心懷夢想卻不知該怎樣努力的孩子，那麼這本書會告訴你那些光彩照人的成功者背後的付出。不平凡的成績，來源於一次次看似平凡的訓練。

也許，你正面對難以克服的挫折，心情低落，那麼這本書中的人物會以他們的親身經歷帶給你激勵，為你的內心注入正能量！

郎平，朱婷，惠若琪……這些耳熟能詳的名字背後，有著怎樣生動曲折的故事，有著怎樣溫暖動人的情感，有哪些趣味十足的小細節，讓我們翻開這本書，去一一領略吧！

目錄

緊張一刻

在二〇一六年八月二十一日里約熱內盧的奧運會上，中國國家女子排球隊正在和塞爾維亞隊進行冠軍爭奪戰。

與此同時，億萬中國人守在電視機前，睜大眼睛，死死地盯著眼前的畫面，生怕漏掉一秒。現場解說員激動的聲音從電視機中傳出，感染著螢幕前的每一位觀眾。

此時此刻，只要中國隊再拿下一分，就可以洗刷之前戰績跌落谷底的恥辱，向全世界證明中國女排依舊是王者。而對於塞爾維亞隊而言，必須救下這一球，才能將比賽拖入加分階段，給自己爭取到翻盤的機會。

這時，中國隊主教練「鐵鎯頭」郎平叫了暫停，換了小將張常寧上場，並告訴她：「妳大膽發。」

哨聲吹響，由中國隊發球。張常寧熟練地拋起排球，纖細的手臂緩緩上揚，她尋找到最完美的擊球點，然後迅速將球擊出——排球如子彈般高速射了出去。

令人沒想到的是，這極其刁鑽的一球，塞爾維亞隊竟然攔截了下來，並開始反攻。眼看著排球高高飛過攔網隊員，似乎就要落在中國隊的防守空檔處了……球，是落在了中國隊的場地上，還是被中國隊攔下了呢？

面對眼前這一幕，觀眾們都緊張地屏住了呼吸。

這一刻，全場只有一個人看起來毫不緊張，她並沒有握緊雙拳屏息以待，相反，在看到塞爾維亞隊反攻的那記球後，她的眼中瞬間流露出一絲不易察覺的笑意。

她，就是中國女排主教練——郎平。她完全相信中國女排姑娘們的實力，也對中國女排贏得世界冠軍有絕對的把握。

中國女排到底有沒有如她所願，拿到里約熱內盧奧運會的冠軍呢？

能吃苦的孩子

一九六〇年十二月十日的天津，呼嘯的疾風猶如一把把冰冷的利劍凌空而來，將空氣劃成一道道雪白的霧絲，光禿禿的樹枝在狂風中顫抖著。那個時候沒有暖氣、空調等取暖設施，人們只能待在家裏，用報紙封住破舊的門窗，來抵擋寒風的侵襲。

這一天格外寒冷，當人們都在家裏和親人聚在一起取暖時，街道旁的一間不起眼的小平房裏，突然傳來「哇——」的一聲。

響亮的嬰兒啼哭聲，劃破了清冷街道的寂靜。

一個健康可愛的小寶寶出生了，她的爸爸媽媽給她取名叫郎平。

郎平小時候，身體並不好，不要說當運動員，就是比同齡孩子都要差一些。在那個物質條件並不富裕的年代，母親便常用小米粥為她補充營養。靠著一碗一碗的小米粥，郎平度過了身體最虛弱的時期。後來郎平長大了一點兒，她委屈地問媽媽：「媽媽，為什麼我只能喝小米粥呀？」

郎平的媽媽卻說：「家裏條件差，生活環境就是這樣，沒有什麼可奇怪的。妳是我的女兒，我希望妳能成為一個堅強的能吃苦的孩子，不要做那個總是需要被特殊照顧的人。」

媽媽還說了很多話，小郎平似懂非懂。她不知道媽媽說的「特殊照顧」是什麼意思，但隨著慢慢長大，她逐漸明白了媽媽的話，也成了媽媽希望她成為的樣子。

郎平的媽媽是南方人，有著南方女子恬靜細膩的氣質。在媽媽的影響下，郎平逐漸成長為一個有教養、有禮貌、有想法的女孩子。而郎平的爸爸來自北方，帶著北方漢子的豪爽和奔放，在爸爸的影響下，郎平也漸漸變得像男孩子那樣勇敢和堅強。

七歲時，郎平進入北京市朝陽區東光路小學讀書。有一回，在學校裏，幾個男孩子要和郎平她們比賽爬樹，看誰爬得高。

別的女孩子聽了都咋舌：女孩子怎麼能爬樹呢？

可郎平卻不服氣地答應了。她抬頭看了看樹的高度，捲起袖子，毫不猶豫地上了樹，三下兩下就爬到了樹頂，令夥伴們佩服不已。

童年時期的郎平沒有想過未來，畢竟對一個小孩子來說，「未來」這個話題實在是太深奧了。直到那年一個週末，郎平的爸爸帶她去工人體育館看了一場排球比賽。這是郎平第一次認識這項體育運動。精彩的比賽讓排球在郎平的心中留下了深刻的印象。

當時的郎平剛上六年級，她的個頭兒已經是班裏最高的了，站在同班同學中間，有一種「鶴立雞群」的感覺。

正值北京工人體育館少年體校排球班的老師來學校挑選隊員，在經過了彈跳、摸高、快速跑等項目的測試後，身高突出的郎平一下子就被老師選中了。

郎平心中掠過一陣喜悅。在此之前，她從來沒想過自己會跟體育有交集。要知道，她的夢想一直都是當一名醫生。她特別喜歡穿著白大褂的醫生，看起來神神祕祕的，手裏還拿著聽診器，放在人的身體上，就能聽見身體裏面的聲音，還能知道是哪裏生病了，簡直太酷了！

而從這一天開始，排球闖進了她的生活，並逐漸成為她生命的一部份。

排球班的訓練從六月開始。正值夏初，卻已經驕陽似火。起初，訓練內容還比較輕鬆，大家都能夠跟上，可隨著訓練難度逐漸加大，一些女孩就吃不消了。她們平日裏都是家裏的心肝寶貝，哪裏受得了這個苦啊！

跟郎平一起來訓練的同學小陳就忍不住向郎平倒苦水：「雖說咱倆在學校裏都喜歡體育，可這麼大運動量的訓練，我可從來都沒經歷過，每天累得跟什麼似的。我父母都不願意讓我受這份罪，他們可心疼了。」

小陳最終還是沒能堅持住，退出了排球隊。而郎平卻沒有，相反，她不僅能夠忍受枯燥艱難的訓練，而且還對排球產生了濃厚的興趣，愛上了這項運動。

郎平的爸爸媽媽叮囑她道：「平平，吃點苦不算什麼，妳既然喜歡打排球，就不能半途而廢。」

一想到父母的鼓勵，郎平就什麼困難都不怕了。她把爸爸媽媽的話一直放在心上，憑藉自己能吃苦、身體素質好的優勢，郎平的球技突飛猛進。

彼時，是一九七四年，是郎平運動員生涯的起點，同時也是中國國家男子排球隊隊員袁偉民的運動員生涯終點。

令人驚喜的「插班生」

一九七四年，袁偉民的運動員生涯結束了。

這個已經三十五歲的男人，帶著遺憾離開了訓練場。雖然在八年前的世界男子排球錦標賽上，他憑藉自己的突出表現，獲得了「最佳全面運動員」的榮譽，但在他的心中，始終有一個冠軍夢，只是直到他退役的那天，這個夢想都沒有實現。

時隔兩年，袁偉民以為自己的夢想會永遠深藏心底了，但幸運的是，中國「國家體育運動委員會」找到袁偉民，並委託他出任中國國家女子排球隊的主教練。

袁偉民欣喜若狂，他十分感激和珍惜這次機會，不僅是因為他能繼續從事自己深愛的排球運動，更重要的是，深藏在他心底的「世界冠軍夢」也重新燃起了希望！雖然袁偉民已經退役，不能再在賽場上親自征戰，但他相信自己有能力組建一支能夠贏得世界冠軍的女子排球隊。

於是，袁偉民走遍中國各地，親自挑選了十二名隊員，組成了新一屆中國國家女子排球隊。

看著這群意氣風發的姑娘精神抖擻地站在自己面前，袁偉民的思緒一下子飄回到二十多年前。

那是一九五一年，袁偉民剛滿十二歲。當時，中國舉行了歷史上首次全國性的排球比賽，並選出了第一批女排運動員。五年後，中國受邀參加了於法國舉行的第二屆世界排球錦標賽，這也是中華人民共和國的女子排球隊首次參加國際賽事。在這次的比賽中，中國女子排球隊先後擊敗了奧地利、荷蘭及聯邦德國等歐洲國家的女排球隊，並在十七支參賽球隊中獲得了第六名。

這對於初次參加國際賽事的中國女排來說，是相當不錯的成績。

就在國人都盼望著中國女排能夠一鼓作氣，取得更好的成績時，一支強勁的球隊橫亙在了中國女排和冠軍獎盃之間，這就是當年震驚全球的日本女排。她們打贏了蟬聯三屆冠軍的蘇聯女排，成為新的霸主，成為世界排球史上第一支取得世界冠軍的亞洲球隊。

消息傳來，日本舉國沸騰。同樣作為亞洲人的中國人陷入了深思：日本人可以做到的事情，難道我們中國人做不到嗎？

在那之後，中國女排更加刻苦地訓練，可遺憾的是，中國女排無論怎麼努力，始終達不到世界一流水準，別說是拿世界冠軍了，就連參加世界級比賽的資格都沒有。

當時的中國一度被排斥在奧運會之外，在足球、籃球、排球這「三大球」的項目中，幾乎沒有機會和世界強隊交手。

中國女排實在是太需要一場勝利了。中華人民共和國剛剛建立，國家飽經戰亂，積貧積弱，發展水準和人民的生活條件遠遠落後於西方國家。在這樣的情況下，中國有沒有機會贏呢？

在袁偉民看來，中國女排的姑娘們，無論是在體能上還是在毅力上，都不輸給世界上其他任何一支球隊。只要能夠得到適當的訓練指導，中國女排就一定能夠實現心中的冠軍夢。

一九七六年八月一日這天，在青島體育場，新的中國女排國家隊第一次在全國人民面前亮相，她們即將迎來球隊組建後的第一次正式比賽，對手是陝西女排隊——當時的全國冠軍。

女排國家隊一亮相，全場觀眾都起立鼓掌，他們對這支強勁的球隊寄予了厚望，都期待她們能夠在接下來的比賽中大顯身手。

女排姑娘們也自信地向大家揮手致意。經過了這麼長時間的訓練，她們早已準備充份，信心滿滿。

可是，令人大跌眼鏡的事情發生了，女排國家隊竟然輸給了陝西女排隊！

那些一開始為女排國家隊歡呼吶喊的觀眾，這下全都啞然無聲了，他們怎麼也想不通，本該代表國家最高水準的國家隊，怎麼會輸給地方隊呢？

女排姑娘們垂頭喪氣地回到訓練場，大家都沉默不語，等待接受袁偉民的責難。袁偉民卻並沒有指責他的隊員，相反，他什麼也沒說，只是沉默著陷入深深的思考中。

看著女排姑娘們沮喪的表情，袁偉民突然回想起自己被日本女子排球隊主教練大松博文「磨練」的那段時光。

大松博文是排球界的傳奇人物，他是當時的世界冠軍日本女排的主教練，有「魔鬼教練」之稱。這個軍人出身的男人，採用高強度、高密度的「魔鬼訓練法」，將一群普通的工廠女工訓練成了技術夠硬、能攻能守的優秀球員——「東洋魔女」。

一九六五年四月，在中國總理周恩來的邀請下，大松博文來到中國，開始對中國女排進行為期一個月的特訓，同時也承擔了一部份督導中國男排訓練的工作。

日本的「魔鬼教練」果然名不虛傳，不僅把女排隊員們「折磨」得叫苦不迭，還把強壯的男排隊員們「訓練」得死去活來：勾手發飄球、雙手墊擊、滾翻防守、小掄臂扣球等，一場訓練下來，中國男排隊員有的癱在地上，眼冒金星，有的難受得想吐。

袁偉民心想：大松博文能夠把一群普通的工廠女工訓練成高專業水準的排球女將，自己為什麼不可以？更何況眼前的十二位隊員，是他走遍中國各地，親自挑選出來的極具天賦的專業選手，比起日本女排隊員，提升空間更大。幾番思索之後，袁偉民決定，從今以後的訓練也要採用大松博文的「魔鬼訓練法」。

中國女排的第一個訓練基地在福建漳州。雖說是「訓練基地」，但實際上連普通排球場的標準都達不到。為了節約成本，建築工人們不得不就地取材，用當地的竹子搭起了一座竹棚。用竹子搭起的場館，雖然堅固，但竹子之間卻留有縫隙，天冷的時候，大風一吹，整個訓練場四面八方都透著冷風，女排姑娘們只能咬牙挺住，繼續堅持訓練。竹棚的地面是用黃土、石灰、鹽水混合在一起鋪成的，每逢下雨，就會變得泥濘不堪。即使天氣晴朗，由於地面凹凸不平，防護裝備有限的女排姑娘們在上面翻滾過之後，身上也會留下血肉模糊的傷口，疼得難以入睡。

後來的湖南郴州訓練基地，也是一個竹棚館，但地面換成了相對好一點兒的破舊木地板。雖然地面平整了許多，但破舊的木地板上有許多毛刺。女排姑娘們在訓練中，免不了要在地上翻滾、臥倒、摔跤。為了救起那一個個飛來的排球，女排姑娘們都毫不猶豫地撲向地面。每次訓練結束後，女排姑娘們仔細檢查身體，才發現自己的胳膊上、腿上到處扎著毛刺。閒暇之時，姑娘們還會苦中作樂，比較誰身上的毛刺多，互相為對方「挑刺」。

姑娘們的傷病痛苦，袁偉民都看在眼裏，但他不得不裝作什麼都沒看見，因為他知道，在通往冠軍的道路上，容不得姑娘們叫苦叫累。要想獲得世界冠軍，首先要奪得亞洲冠軍。當時，中國女排最大的對手，便是「魔鬼教練」大松博文帶領的日本女排，那可是一支幾乎可以「秒殺」中國男排的球隊。

經過「魔鬼訓練法」訓練之後，中國女排姑娘們終於有了一次與日本女排較量的機會。

一九七七年八月十一日，數萬中國人聚集在上海萬人體育館，場館內傳出的震耳欲聾的加油聲，隔著好幾條街都能聽見。

在一陣陣吶喊助威聲中，中國女排姑娘們卯足了勁兒，一上來就以十五比六和十五比十連贏兩局，姑娘們欣喜地抱在一起，默契地看向教練袁偉民。只見他緊握雙拳，點了點頭，回應給隊員們一個堅定的眼神。正是這個眼神，讓隊員們更加堅信，勝利的曙光就在前方。女排姑娘們乘勝追擊，最終以三比〇的比分結束了這次萬眾矚目的比賽。

日本隊的主教練小島孝治當時就漲紅了臉。他不敢相信，自己費心訓練出的世界級強隊，竟被一支新球隊給打敗了。他鼓起腮幫子，雙手扠腰，指著球隊裏沒有發揮好的隊員大聲呵斥，竟讓她們當場在體育館裏罰站。

三天後，在五台山體育館，中日女排再次交鋒。日本女排贏得了第一局，但是，中國女排拿下了後三局。中國女排的姑娘們再次取得了勝利。小島孝治歎息道：「士別三日，當刮目相看。中國女排的進步速度令人吃驚，下次來中國，我一定要帶最強的球隊來！」

這次和日本女排的切磋較量，可以看作是袁偉民實施「魔鬼訓練法」以來的一次成果驗收。這次勝利不僅讓中國女排姑娘們信心倍增，同時也讓袁偉民堅定了自己要帶領中國女排贏得世界冠軍的決心。

一九七七年十一月，第二屆世界盃女子排球賽在日本大阪舉行。中國女排一路「殺」出重圍，以三比二的成績打贏了日本女排，讓日本教練和看台上的觀眾們震驚不已。

這是中國女排在袁偉民的帶領下，第一次在國際大賽中打贏了日本，同時，世界排名也從三年前的第十四名一舉躍入四強。不僅如此，隊長曹慧英還以她頑強的拚搏精神獲得了「最佳運動員獎」；以她嫻熟的運動技巧奪得了「最佳攔網獎」；最了不起的是，她還憑藉自己優異的表現，一舉拿下了「敢鬥獎」。在當時，「敢鬥獎」稱得上是對排球運動員體育精神的最高表彰。

然而，站在領獎台上的曹慧英看起來並不是很開心。雖然在這次比賽中，她個人包攬了三大獎項，可作為隊長，她並沒能帶領整支球隊繼續前進，而是止步於第四名，失去了爭奪冠軍的機會。曹慧英很是自責和難過。

彼時的郎平也守在電視機前，看到了頒獎台上的這一幕。還是北京市女子排球隊運動員的她，有些羨慕站在領獎台上的曹慧英。她也想加入國家隊，也想在賽場上展現自我，贏得冠軍。然而，在現實中，她卻只能關掉電視，默默回到訓練場上，繼續重複著枯燥無味的訓練。她也不知道，這樣的訓練什麼時候才是個頭，但是她知道，既然自己熱愛排球，就一定要堅持下去。

一九七八年，郎平參加了中國女子排球甲級聯賽。在比賽中，她發揮出色，嶄露頭角，竟然被中國女排的主教練袁偉民看中了。袁偉民破格錄取了郎平，將她吸收到了國家隊，並作為主攻手重點培養。

郎平不敢相信發生的一切，昨天她還是個坐在電視機前默默地為賽場上的運動員祈禱加油的觀眾，今天她已然成為國家隊的隊員！

郎平激動得熱淚盈眶，她和父母擁抱在一起。郎平覺得自己是天底下最幸運的女孩，好運砸中了她。

然而，袁偉民知道，他做出這個決定，不是因為郎平的運氣，而是因為郎平的實力。原來，透過上次比賽，袁偉民意識到，一支排球隊要想具備進攻實力，就必須擁有強攻能力。對於中國女排來說，打贏日本隊已經不在話下了，但是要想打贏人高馬大的歐美強隊，就必須要培養身材高大的強攻手。

郎平在比賽中的卓越表現，讓袁偉民一眼看中：這個姑娘在排球運動方面有著過人的天賦，是一個潛在的優秀強攻手。

「她連青年隊都沒進過呀！怎麼直接就進國家隊了？」袁偉民的決定讓大家震驚不已。

更讓大家震驚的是，袁偉民緊接著做出了一個更大膽的決定：讓郎平替代球隊中原來的強攻手——楊希，作為中國女排的新任強攻手出征在泰國曼谷舉辦的第八屆亞運會，而楊希則轉為替補隊員。

這對楊希來說，簡直是晴天霹靂。

楊希當時二十二歲，身高一米八，長相甜美，酷似日本明星山口百惠。只要有她出場的比賽，不少人哪怕看不懂排球比賽，也會不辭辛苦地乘坐各種交通工具來到現場，只為一睹她的風采。

楊希無法接受坐冷板凳的結果，她非常沮喪，甚至想要退出國家隊。袁偉民費盡心思，苦口婆心地勸說，楊希才答應作為替補隊員留在國家隊。

而郎平，作為一個「插班生」，也很清楚自己的處境。面對大家的非議，她無法為自己辯解，唯有付出更多的努力，用成績證明：教練的眼光沒有錯，自己有絕對的實力擔任強攻手。而她真的有嗎？

一九七八年十二月十日，在泰國曼谷舉行的第八屆亞運會女排比賽即將開始，郎平第一次出現在國際大賽的賽場上。她緊張極了，雙腿不由自主地微微顫抖。這一天，還是郎平的十八歲生日。作為成年的第一課，郎平必須學會克服緊張和恐懼。

「不行！這樣可不行！」郎平看到賽場邊袁教練緊皺的眉頭、隊員們期待的眼神，聽著體育館裏激盪的吶喊聲，深深地吸了一口氣。她閉上眼睛，昔日訓練的畫面一一浮現在腦海中。平日裏扎實的訓練讓郎平底氣十足，她睜開雙眼，準備迎接挑戰。

比賽開始了。

蹲下，起跳，重擊——扣球！

起跳，輕拍——吊球！

助跑，起跳，迅速重擊——直線扣球！

……

在與韓國隊的比賽中，郎平憑藉自己的強攻，打出了多個角度刁鑽、線路新奇的球，多次突破對方的防線。袁偉民制定的「強攻戰術」奏效了。

這個「插班生」的表現令人驚喜。小試牛刀的郎平有些沾沾自喜，但她很快就又調整好了自己的情緒。這是她第一次參加正式比賽，一定不能掉以輕心！

郎平已經準備好了，她調整呼吸，擺好站姿，時刻準備著迎接對方發來的「砲彈」。

眼淚不能戰勝敵人

然而，也許是因為短暫的勝利讓郎平過於興奮，在第二場對陣日本隊的比賽中，郎平接連失誤，最終被換下場。此時，體育館內噓聲一片。那些一直質疑袁偉民用人標準的人，終於有機會發洩了。他們憤怒地謾罵著這位無名小將，彷彿忘記了郎平在第一場比賽中的突出表現。

被替換下場的郎平，沮喪地坐在場邊，她看著仍在場上奮力拚搏的隊友，回想起這幾天的每一場比賽，感覺幾天來的一切彷彿發生在夢中，周圍的一切都那麼不真實：備受觀眾追捧的是她，受盡冷嘲熱諷的還是她——明明上一秒還在為國爭光，怎麼現在就淪落到坐冷板凳的地步了？

郎平委屈極了，她多想大聲告訴所有人，為了能夠站上領獎台，自己揮灑了多少汗水！然而，儘管郎平還是個年輕姑娘，但是已經有五年球齡的她，早早便懂得了一個道理：在競技場上，多的是匆匆過客和無名小卒。沒有人會在意妳背後的辛酸和不易，只有捧回那閃閃發光的冠軍獎盃，才能讓人記住妳的名字，瞭解妳的付出。

郎平倔強地抹掉眼中快要溢出的淚水，失落地回到了訓練場。每當她想起亞運會上受到的打擊，不甘都會湧上心頭。她看著體育館內貼著的「臥薪嘗膽」的標語，想起自己當初立下的「打敗日本隊、韓國隊，拿下亞洲冠軍」的誓言。

郎平暗暗琢磨：日本隊已經得過「三連冠」了，作為世界上唯一一個取得了「三連冠」的亞洲女子排球隊，日本隊最大的特色就是「打不死」。不管球打到哪兒，日本隊都要想辦法搶回來，技術非常全面。韓國隊也很難打。要拿到亞洲冠軍，必須要打贏這兩支球隊。但如果我比日本隊更拚，比韓國隊更難打，我就不信打不敗她們！

不甘心坐冷板凳的郎平每天都重複著大量的技能訓練：極限扣球、技巧吊球、單人防守……還有各種動作訓練：倒地、翻滾、蹲起、起跳……在賽場上，時間就是生命，倒地翻滾多花一秒鐘，就有可能會與球失之交臂。郎平要把自己的所有動作都控制在規定的秒數內，為自己的進攻動作爭取更多的時間和機會。但是，郎平的心裏也有一點兒不安，她每天都在想：自己這樣練，這樣打，到底能不能打贏其他球隊？一天的訓練下來，郎平的運動服被汗水浸透了，身上多處貼著創可貼。一放下球，她就像洩了氣般瞬間倒地。然而，一碰到球，郎平立馬又精神抖擻，彷彿是一個被設定好進攻程式的機器人，能夠精準有力地做出每一個動作，發出一記又一記讓對手無從招架的進攻球。

不知你是否有過長跑測試的經歷，一圈、兩圈、三圈……長長的跑道彷彿看不見盡頭。明明周圍還有其他人，卻感覺靜得只能聽見自己急促的喘息聲和鞋底摩擦粗糙的地面發出的沙沙聲。不知過了多久，疲軟的雙腿已經不聽使喚，明明想要停下來，卻仍舊機械地重複邁腿，拖著沉重的身體前進。終於快結束了，耳邊已經聽不見跑道旁觀眾的呼喊了，眼睛死死地盯著終點線，不顧汗水浸透衣衫，心裏只有一個信念——衝過終點線！

女排姑娘們的訓練過程就像長跑，唯一不同的是，她們永遠也無法跑到終點。等待她們的，只有日復一日的訓練，年復一年的磨練。

沒有電視，也沒有收音機，郎平每天的生活就是訓練場、食堂和宿舍三點一線。郎平經過不懈的努力，終於實現了突破：她的個人摸高高度達到了三米二。這就意味著，對方發過來的所有高球，她都能夠掌控在自己手中，並給予重磅回擊。

中國隊以往的排球戰術都是「四二配備」，就是說場上的六名隊員中，有四名攻手（兩名主攻手，兩名副攻手），兩名二傳手（舉球員）。站位時，兩名主攻手站對角，兩名副攻手站對角，兩名二傳手站對角。這樣，不管位置怎樣輪轉，都能保持前後排各有一名二傳手和兩名攻手。這樣的配備便於組織和發揮整體的進攻力量，也大大加強了進攻威力。

但中國隊自從有了郎平，原來的「四二配備」被調整為「五一配備」，即場上有五名攻球手，一名二傳手。採用這種配備的優點是可加強攻擊力，容易進行快速多變的進攻戰術，增加攔網的高度；缺點是當位置輪轉時，有三輪的前排都只有兩點（兩名隊員）能夠進攻，對方容易組織防守。當郎平鎮守前排時，有三分之二的球都要落在她這個點上，郎平出色的攻擊能力提高了中國女排球隊的防守反攻水準。

隨著賽事愈來愈近，袁偉民對隊員們的嚴苛訓練也在不斷升級，隊員們也很理解袁偉民教練。正是因為她們對排球的熱愛和對榮譽的追求，才讓她們能夠一次又一次咬牙堅持下來，然而訓練的重壓也讓隊員們幾近崩潰。

一次，張蓉芳因被袁偉民責難，鬧起了情緒。她賭氣般地將地上的排球一腳踢出好遠。

「撿起來！」袁偉民命令道。

「我不去！」張蓉芳倔強地道。

兩人就這樣僵持著，誰也不肯相讓。

郎平不忍心再看下去了，她知道張蓉芳的委屈，也理解袁教練的良苦用心，可是賽事將近，訓練容不得半點耽誤。

「要不……我去替她撿吧。」郎平想要替張蓉芳解圍。

「不行！就讓她撿！不撿就不讓她練了！」袁偉民突然大吼一聲，嚇得郎平也不敢說話了。郎平從來沒見過袁教練如此生氣。

話音剛落，原本倔強地把臉扭向一邊的張蓉芳，瞬間就落了淚。

「我去就是，您別不讓我練球。」

張蓉芳抹著眼淚，將球撿了回來，生怕袁偉民真的停了她的訓練。看著張蓉芳一邊流淚，一邊倔強地繼續練球，郎平感到有些心酸。

令郎平沒想到的是，這樣的事也會發生在自己身上。

一次訓練結束後，周鹿敏、汪亞君和朱玲被留下繼續訓練，可是練了一個多小時也未見成效。

袁偉民環顧在場的隊員們，問道：「妳們有誰願意幫她們完成訓練指標嗎？」

年輕氣盛的郎平自告奮勇地舉起了手：「我來！」

三位前輩一臉感激地看著郎平，郎平則回以一個自信的笑容，好像在說：放心吧，有我在，妳們馬上就能解放了。

結果，沒有想到的是，郎平不僅沒有解救出這三位前輩，反而把自己搭了進去。

袁教練嚴厲地糾正郎平的每一個動作，毫不留情地指出郎平的錯誤：「妳這些球是怎麼扣的？」

郎平萬萬沒有想到，自己只是來幫忙的，教練怎麼跟她較起真來了？郎平愈想愈覺得委屈，漸漸不在狀態了，失誤了好幾次。

袁偉民站在高台上，從球籃裏拿出球，重重地向郎平砸去。起初，她還能接住一些，但隨著袁偉民不斷發力，她的體力和速度都跟不上了。排球沉悶的落地聲彷彿在嘲笑她，郎平的憤怒和委屈頓時湧上心頭。

郎平不敢像張蓉芳那樣釋放情緒、罷練，她向袁教練舉手示意暫停，然後默默地走向牆根。郎平背對著在場的所有人，假裝在那裏整理衣服，但只有冰冷的牆壁知道，郎平的臉上流下了兩行滾燙的眼淚。

郎平最終還是回到場地繼續訓練，袁偉民拿起排球，毫不留情地向她砸去。一顆顆「砲彈」砸在她的胳膊上，疼得她眼淚在眼眶裏打轉，但她就是倔強地不讓淚水落下來。助跑、起跳、扣球……一次又一次的連續技術動作，讓郎平的體力消耗已經達到了極限。她的雙眼已經模糊，看不清眼前飛來的球到底是一個還是兩個，她只知道，不管有幾個球飛來，她都不能漏接。接到最後，她幾乎什麼都看不見了，只能在地板上亂撲，用最後的意志力頑強地抵抗著。

袁偉民對每一個女排姑娘說：「在賽場上，對手不會因為妳的眼淚就輕易放過妳，只有讓自己更強大，才能在面對考驗時臨危不懼，勇往直前。」

「眼淚不能戰勝敵人。」這句話被郎平刻在心底。她發誓，一定要拚盡全力打好每一場比賽。只有奪得勝利的人，才有流淚的資格！

郎平逐漸成長為中國女排的「重磅武器」，成為中國女排球隊中一顆冉冉升起的新星。中國女排這個團隊也逐漸成長為一支有靈活性、能攻能守、能快能高的全方位型球隊。

一九七九年，第二屆亞洲女子排球錦標賽在香港伊麗莎白體育館舉行。中國女排面對強手，力挫群英，以六戰全勝的佳績奪得這屆比賽的桂冠，最終登上了亞洲冠軍的領獎台！這是袁偉民出任中國女排教練以來，中國隊離世界冠軍最近的一次！

在這次比賽中，身高一米八二的周曉蘭動作靈活，攻防全面，獲得「最佳表現獎」。第一次在重大國際比賽中擔任主力的陳亞瓊，在中國和日本的比賽中能攔能扣，發球具有較大威力。在關鍵時刻上場發球的鄭美珠，發出的遠距離上手飄球落點好，破壞力強。而經過了刻苦訓練的郎平，也終於在這次比賽中為中國隊榮獲冠軍立下了赫赫戰功，被譽為中國隊的「鐵鎯頭」。同時，她也向自己交出了一份滿意的成績，她終於能夠驕傲自信地告訴訓練中的那個迷惘的自己：妳做到了！這樣練，是可以打敗敵人的！

凱旋的女排隊員們，來到清華大學和北京大學與學生們交流。聽到一個個年輕人高喊出的「衝出亞洲，走向世界；團結起來，振興中華」，郎平紅了眼眶。這一次，她沒有偷偷抹掉淚水，而是任由其洶湧地流淌出來——這是幸福的淚水，是榮譽的淚水！她終於實現了自己的誓言，讓勝利的淚水肆意地在臉頰上奔湧！

淚眼模糊中，郎平看著台下一張張興奮的臉龐，聽著那傳遞出殷切期望的歡呼吶喊，她的心中不禁油然而生一股灼熱的力量，促使她更加堅定了理想和信念。郎平知道，衝出亞洲只是一小步，更艱巨的困難和挑戰還在後面等著她們。

創造神話

亞洲女子排球錦標賽的勝利，讓國人燃起了新的希望，大街小巷，無論男女老少，大家紛紛開始關注排球這項運動，學習排球技巧，中國女排姑娘們更是成了國人爭相追捧的對象。當年，女排的許多「狂熱粉絲」都給姑娘們寫信，寄禮物，有的甚至在訓練場地門口蹲守好幾天，就為了一睹姑娘們的風采。

除了普通的粉絲來信，姑娘們每天還會收到許多來自年輕小伙子的「表白信」。面對著一封封真摯的親筆信，正值妙齡的女排姑娘們就好像吃了一顆顆初熟的草莓，感覺微微甜蜜，卻又夾雜著一絲酸澀。郎平也不例外，雖然心裏有悸動，隱隱期待愛情的到來，但又不得不闔上信紙，將這一份份心意深藏在心底，專注於訓練。她在期待愛情的同時，又害怕愛情在此刻來臨。因為此時，距離女排姑娘們邁向世界冠軍只有不到一年的時間了。

一九八一年十一月，女排隊員們收拾好了行裝，帶著奪取世界冠軍的信念，登上了飛往東京的航班。十二名女排隊員身著樣式統一的米色大衣，大衣裏是淺灰色的運動服，運動服上在心臟的位置印有「中國」二字。從萬米高空中看下來，中國逐漸隱藏在了雲層之下。郎平看著窗外的景象，摸了摸自己的胸口，「中國」二字彷彿在隱隱發燙。四年前中國女排只取得第四名的遺憾仍是她心中最難以邁過的關卡，四年辛苦訓練的成果全在今日一搏。她用「中國」二字激勵自己：片刻也不能鬆懈！

坐在客艙裏的女排姑娘們並不知道，這架飛往東京的飛機，即將改變她們所有人的人生軌跡。

一九八一年十一月七日，第三屆世界盃女子排球賽中國女排的第一場比賽迎戰南美冠軍巴西隊。令人意想不到的是，全場比賽僅用了四十五分鐘，中國隊連勝三局，旗開得勝。

中國女排的第二個對手是曾經八次獲得世界冠軍的蘇聯隊。蘇聯隊雖然於二十世紀六〇年代逐漸讓位於「東洋魔女」日本女排，但實力依然不可小視。蘇聯隊隊員的身高優勢，更是中國女排所無法企及的。儘管如此，中國女排仍舊大顯神威，再次以三比〇的比分打贏了世界排壇曾經的霸主。

中國女排在奪冠征途上繼續前行，先後轉戰於江別、札幌、富山等地。每到一個城市，女排隊員們都無暇遊覽。她們待在賓館內，排著隊等待隊醫的治療：腰傷、膝蓋傷、手臂傷……每一個年輕的女排姑娘身上都有不符合年齡的傷病，但她們早已習慣了。傷病已經是家常便飯，當務之急，是朝著夢寐以求的世界冠軍邁進。

在隨後的比賽中，中國女排三比〇打贏了韓國；三比〇打贏了東歐勁旅保加利亞；三比〇打贏了世界勁旅古巴；在與美國隊的準決賽中，儘管美國隊球員嚴防死守，但郎平還是在第五局以有力的強攻，一次又一次頑強地擊潰了對方的防線，最終中國女排以三比二打贏了美國。

至此，中國女排赴日參賽以來六戰全勝，無一敗績。曾經想都不敢想的世界冠軍近在咫尺，只剩下最後一步就能夠實現冠軍夢——決戰「東洋魔女」日本女子排球隊！

一九八一年十一月十六日，日本大阪體育館人聲鼎沸，世界各地的排球愛好者都前來觀戰，一票難求。億萬中國觀眾也心繫於此，因為在這裏即將展開中國女排與東道主日本女排爭奪第三屆世界盃女子排球賽冠軍的終極對決。

袁偉民帶領著十二名隊員進入賽場，場館內瞬間爆發出排山倒海般的歡呼聲，大家對這支一路披荊斬棘、所向披靡的亞洲新秀充滿了期待。

為了表達自己一定要拿到冠軍的決心，日本隊的主教練小島孝治特意蓄起了鬍子。他還向外界宣稱，日本隊不拿到冠軍，自己就不刮鬍子。決賽開始之前，小島孝治對袁偉民說：「等贏了中國隊再刮鬍子。」接著，又不停地在袁偉民跟前走動，而且老摸鬍子。這種挑釁之舉是典型的賽場心理戰。袁偉民心裏說：你就永遠留著鬍子吧。袁偉民沒有將小島孝治的挑釁放在眼裏。相反，因為小島孝治的舉動，他反而又增加了幾分把握。袁偉民意識到，小島孝治這樣的舉動，說明日本隊奪冠的壓力一定比中國隊大，因為這次日本是東道主，在自己的主場打球，如果輸了的話，日本國人將會極為難堪。而中國隊卻不同，只要女排姑娘們能放平心態，像平時訓練那樣，拿出百分之百的精神狀態迎戰，那麼冠軍獎盃便手到擒來了。

在這場中國女排與日本女排的決賽中，中國隊全力以赴，一上來就派出了頂配主力陣容：二十一歲的郎平被譽為中國的「鐵鎯頭」，是主攻手；張蓉芳被稱為「怪球手」；周曉蘭曾獲得「最佳表現獎」；隊長孫晉芳擅長快攻，是一位經驗豐富的二傳手；陳亞瓊是出色的快攻手和攔網手；陳招娣是能搶能拚的二傳手和副攻手。

憑著這樣的頂級陣容，中國隊在前兩場比賽中，以極佳的狀態，輕鬆取得了勝利。世界盃的賽制是按積分計算，此時二比〇領先的中國女排其實已經奪得了冠軍——這是中國歷史上第一個大球項目的世界盃冠軍。

然而，雖然勝負已分，但是比賽並未結束。作為東道主，日本隊怎會甘心在萬眾矚目下一敗塗地呢？只見日本隊教練小島孝治面色鐵青，緊急召集日本隊的姑娘們訓話：

「即使冠軍丟了，比賽也不能輸！」

日本女排姑娘們絕不願意在國人面前丟了顏面，她們互相打氣，重整旗鼓，再次回到賽場。主場的日本觀眾發出陣陣吶喊，為日本隊加油助威。

整個場館裏，迴盪著整齊有力的口號聲。中國女排姑娘們必須排除雜念，專注於比賽，但這實在是太難了。也許是因為「世界冠軍」的頭銜讓姑娘們樂飄了，給了日本女排乘虛而入的機會。一轉眼，頑強的日本隊就將比分扳到了二比二平手。

到決勝局了。

第一球，日本隊發球。周曉蘭扣球防守，對方攔網成功——日本隊得一分！

第二球，日本隊發球。兩輪對打後，周曉蘭扣球，再次被對方攔網成功——日本隊又得一分！

第三球，日本隊發球。周曉蘭扣球，對方又一次攔網成功——日本隊再得一分！

開局不利，日本隊在決勝局以三比〇暫時領先。這時，袁偉民坐不住了，他請求暫停。

隊員們圍成一圈，望著不遠處一臉殺氣的日本女排和場上情緒激動的日本觀眾，郎平無奈地攤開雙手，彷彿在控訴這莫名其妙的失利；袁偉民心平氣和地安撫著隊員們的情緒，冷靜地分析著對方的戰術，細緻備戰。此時的賽場迴盪著震耳欲聾的「日本必勝」的口號聲，只有少數的中國觀眾面色凝重地坐在座位上，替中國隊默默祈禱著，微弱的加油聲淹沒在日本觀眾的熱情裏。就在這時，中國觀眾突然看到不遠處賽場上的郎平，只見她衝著袁偉民重重地點了點頭，彷彿得到了什麼必勝祕訣。看到袁偉民堅毅的表情，中國觀眾漸漸放下心來。

暫停時間結束，第四球繼續由日本隊發球。這一次，日本隊一記扣球，中國隊雙人攔網失敗，球落在了自家區域，日本隊再得一分。

排球仍在地上彈跳，郎平看著離她不遠的球，恍惚間出了神。她彷彿回到了三年前亞運會的賽場，想起無數的球從她手中漏掉，然後她被替換下場的經歷，一陣寒意瞬間從她的腳底直竄頭頂，彷彿真的將她冰凍了一樣，讓她渾身無法動彈。

郎平直愣愣地看著已經滾落至場邊的球，她的耳邊迴響起教練剛剛對她說的話。

「妳們不要以為妳們已經拿到了世界冠軍。如果輸了這場球，妳們就等於做了夾生飯，因為妳們不是以全勝的戰績拿到世界冠軍的。如果妳們最後輸給了日本隊，那麼就算憑藉積分拿了世界冠軍，也不是一件光榮的事。」

「郎平，妳要強攻！強攻！」

「妳們要相信自己……」

來不及多想，日本隊的球已經發過來了。

曹慧英墊起球，傳給了周曉蘭。周曉蘭輕輕一墊，球向上畫出完美的弧線。與此同時，對面的日本隊已經站好防守隊形，準備迎接這一球的到來。

就是現在——幾乎是下意識地，郎平一個箭步，助跑，用力起跳，上肢和雙腿在空中彎起一道月牙般的弧度，抬起手，一記快攻重扣——球，狠狠地落在了對方防守陣形的空檔區域！

中國隊，得分了！「鐵鎯頭」郎平——中國隊的「大砲」重回戰場了！微弱的歡呼聲從賽場的某個角落傳來，雖然很快就被淹沒了，但這微小的鼓勵，已足以支撐中國隊繼續戰鬥下去！

接下來的比賽中，中國隊也拚了命地追，一口氣打成八比四領先。也許是賽場邊觀眾的熱烈情緒感染了日本隊，在後面的比賽中，日本隊奮起直追，一路將比分追平，甚至打出了十五比十四的比分。根據當時排球比賽的規則，比賽採取十五分制，五局三勝，一方先勝三局即獲勝；每一局中，先得到十五分且領先對方兩分的球隊獲勝，如若打到十五比十五平手，則要繼續比賽，直至一方超過對方兩分才能算作獲勝。日本隊現在打出了十五比十四的成績，這也就意味著，此時日本隊只要再贏一分，就將取得這場比賽的勝利。

生死攸關的時刻到了，觀眾席上的日本觀眾已經提前準備好了日本國旗，一個個都握緊雙拳，奮力揮舞吶喊。不遠處的角落中，有幾名華僑起身走到場外，他們不忍心再待下去，面對接下來未知的刺激。有幾位老人結伴走出了賽場，他們捂著自己的心臟，痛苦地搖著頭，表示自己的心臟實在是受不了了。

就在這時，袁偉民再次叫了暫停。

女排姑娘們從未見過如此激動的袁教練，只見他緊擰著兩道濃眉，雙眼佈滿了血絲，他大聲地衝著姑娘們大吼，提醒她們記得這是在什麼地方打球：「要知道我們是中國人，妳們代表著中華民族，祖國人民在電視機前看著妳們，這場球不拿下來，妳們會後悔一輩子的！我們不僅僅是為了冠軍，還為了祖國的榮譽，我們要全勝！」

袁偉民的一席話，就像一盆冰水，從頭到腳淋醒了早已沉浸在奪冠喜悅中的女排姑娘們。姑娘們相互看了一眼，沒有多言，但心裏已經有了共同的目標——全勝！

比賽繼續進行，孫晉芳將球傳給了郎平，郎平跑跳上前，一記斜線扣殺——球重重地砸在了對方八號隊員的胳膊上，隨即旋轉落地。極具力量的一記重扣就像火箭彈，將對方隊員砸倒在地，久久未起。中國隊重新奪回了發球權，比分十五比十五平手。

場邊的袁偉民沒有任何表情，他比以往任何時候都要更加平靜淡定。他低垂著頭，飛速地在自己的記事本上寫下戰術分析和部署安排，即使離勝利的終點只差兩球，他也沒有鬆懈。

接下來，中國隊乘勝追擊，由陳亞瓊發球。日本隊防守成功，但仍被周曉蘭成功攔網，中國隊再得一分，以十六比十五拿回了賽點。成敗也許就在這一球了！

曹慧英和孫晉芳互相拍了拍對方的肩，同時給其他隊員遞去一個眼神。賽場上，時間如生命，有時候來不及多言，只需一個眼神，便能明瞭對方的用意。此時的她們已經忘記了自己身在女排世界盃的賽場，拋開耳邊的喧囂和眼前的熱鬧，她們彷彿回到了那個破舊的竹棚，在整個世界裏，她們只能聽見擊打排球的聲音。在她們身旁，永遠陪伴著親密無間的隊友。她們一起經歷了傷病痛苦，經歷了萬般艱辛，她們是最團結、最有默契的好夥伴！隊友的眼神傳達的鼓勵，讓每個人都熱血沸騰。哨聲吹響，她們小跑著回到自己的位置，蓄勢待發，準備迎接下一個球。

全場觀眾都屏住了呼吸，來見證這個歷史性時刻的到來。電視機前的中國觀眾，一個個一動不動，彷彿時間靜止了一般。

中國隊的陳亞瓊發球，球在空中畫出了一條完美的拋物線。日本隊隊員接住球，傳給她們的主攻手，主攻手上前起跳，一記重扣——球飛向中國隊。

周曉蘭和孫晉芳雙雙起跳，用身體築成一道堅不可摧的人牆，她們舉起雙臂——球被這一堵高牆攔了下來。

日本隊沒有想到中國隊能成功攔網，猝不及防地殺了她們一記回馬槍，等她們反應過來時，已經無力回天——日本隊防守失敗！

中國隊打敗了日本隊，贏得了世界冠軍！

這次世界盃比賽，中國女排以七戰全勝的戰績創造了一個神話，當之無愧地登上了冠軍寶座。

站在最高領獎台上的女排姑娘們，手捧著冠軍獎盃，流下了激動的淚水。郎平更是哭得不能自已，她的腦海中閃過無數個平時訓練的場面：粗糙的地板、刺骨的疼痛、面對牆壁流下的眼淚……無數次想要放棄，卻又無數次咬牙堅持，她靠著心中的信念，一路走到現在。

袁偉民看著冉冉升起的國旗，也漸漸溼了眼眶。他知道，中國女排的目標絕不僅僅是這一個世界冠軍，他還要帶領全隊贏得下一個世界冠軍。

一九八二年九月，在祕魯舉行的第九屆世界女子排球錦標賽上，袁偉民帶領女排姑娘們不負眾望，再次一舉拿下了冠軍，捧起了中國女排的第二個世界冠軍獎盃。

一時間，女排姑娘們成了那個年代的代言人！她們用自己頑強拚搏、自強不息的體育精神，贏得了所有人的掌聲。女排的勝利對於當時的人們而言，就像是為黑暗中摸索前行的人送去了一盞指路明燈，給他們帶去了光明和溫暖，帶去了信心和力量。

女排姑娘們在組隊時間短、訓練條件差、營養水準遠不如發達國家的情況下，都能夠克服困難，奪得冠軍，這讓當時各行各業的中國人都受到了巨大的鼓舞：哪怕國家積貧積弱，哪怕科學技術不夠發達，哪怕生產機器不夠先進，只要下定決心，不懈努力，中國一定能趕上西方國家。中國女排的勝利鼓舞了每一個迷惘的人，也激發了大家創造美好生活的動力和信心。

但袁偉民的目標卻不止於此，他對大家說：「拿了兩個世界冠軍，我認為還不夠，因為在世界排壇上，最高的榮譽是三連冠。」

在當時，蘇聯女排和日本女排曾經獲得過「三連冠」的榮譽。袁偉民相信，下一個獲此殊榮的球隊，一定是中國女排。袁偉民向大家許下了「三連冠」的承諾，並將這第三個世界冠軍鎖定在兩年後的奧運會上。

漫長的冬天

一九八二年，中國女排在第九屆世界女子排球錦標賽奪冠後不久，袁偉民就遇到了他執教生涯以來最大的難題：隊中的曹慧英、楊希、陳招娣、陳亞瓊和孫晉芳五名主力隊員退役了，女排遭遇「大換血」。

要知道，在排球比賽中，每場比賽各隊會派出六名隊員，含自由球員共七名。中國隊一下子有五名主力隊員退役，這還怎麼備戰呢？其他國家的女排球隊得知此消息後紛紛開始加緊訓練，想要趁機超越中國隊。

為了補充新鮮血液，中國女排吸收了李桂枝、楊錫蘭、侯玉珠、楊曉君等新隊員。經過一年多的訓練，新隊員逐漸適應了袁偉民的高強度訓練，但是，新隊員在球隊裏畢竟還有一個磨合的過程，女排球隊「大換血」的後遺症終於暴露了。

一九八三年十一月，在日本福岡舉行的亞洲女子排球錦標賽中，中國女排新隊員首次亮相。由於不少新隊員缺少大賽經驗，發揮欠佳，中國女排以〇比三敗給了日本隊。

消息傳來，中國的女排球迷炸開了鍋，紛紛來信，強烈要求讓孫晉芳、陳招娣、陳亞瓊等老隊員再披戰袍，重返戰場。面對每天源源不斷的「投訴信」，袁偉民倍感壓力。與此同時，在比賽失利和球迷譴責的雙重壓力下，新入選的姑娘們已經快要喘不過氣來了。

新隊員楊錫蘭實在是受不了了，她敲開了袁偉民的辦公室房門，一進屋就委屈地說：「袁指導，我要退出球隊。」

袁偉民當然沒有同意楊錫蘭的要求，新隊員剛剛加入，有情緒很正常。然而，這個時候，就連郎平這樣經驗豐富的老隊員也開始信心不足。

「有信心嗎？」袁偉民問郎平。

「我是有信心的，但隊伍不行，我也沒有辦法呀。」郎平無奈地搖了搖頭，就連她這樣的老隊員也覺得整個球隊都陷入了低潮。

袁偉民繼續追問道：「對於奧運會，妳怎麼看？」

郎平猶豫了許久，緩緩說道：「希望不小，困難不少，努力爭取吧。」看著袁偉民凝重的神情，郎平連忙又補充道：「我是有信心的，但新隊員自身的問題，又不是我們能替代解決的……」說著說著，郎平竟然哭了起來。

連袁偉民一向器重的老隊員都是這樣的狀態，他的心裏頓時打起了小鼓。

他又找到了隊長張蓉芳。

「張蓉芳，奧運會，妳有信心嗎？」

「這是我最後一次參加世界大賽，我當然想拿冠軍。可是，真的太難了……」張蓉芳沒有直接回答袁偉民的問題，她自顧自地說著，竟然也哭了起來，比郎平哭得還厲害。

面對隊裏低迷不振的氛圍，袁偉民不得不硬著頭皮迎難而上。袁偉民想了一個辦法，既然大家都要求老隊員歸隊，那他就滿足大家。但是，由於年齡、傷病等原因，讓老隊員再上賽場肯定是不可能了，不過，比上場打比賽更珍貴的，是老隊員們的經驗教訓。於是他將已經退役的曹慧英、陳招娣等老隊員請了回來，讓她們充當老師、大姊姊這樣的角色，解決新隊員們的困擾和煩惱，激勵她們。

在大姊姊們的開導下，郎平和張蓉芳終於找回了自信，年輕的隊員們也逐漸放下了心中的忐忑和愧疚，全身心投入訓練中。

看到隊員們一張張信心滿滿的笑臉，袁偉民終於露出了久違的笑容。

冬日的夜晚，冷風輕輕掃過枝頭。袁偉民獨自走在回宿舍的路上，他踏著朦朧的月色，穿過漫長的道路，心就像這溼漉漉的街道，隨著夜色一起緩緩沉了下去。剛剛在隊員們面前的笑容，是為了安撫人心，但其實，他的心裏也沒有底，到底能不能奪得奧運會金牌呢？

此時距離奧運會只剩下九個月的時間了。

窗外寒風凜冽，乾枯的樹枝上落下了最後一片枯葉，隨風飄去。屋外屋內，都沒有一絲過年的氛圍。這是袁偉民出任中國女排教練以來的第八個冬天，也是最艱難、最漫長的一個冬天。他帶著女排姑娘們到了湖南郴州的排球集訓基地，進行密集訓練。

袁偉民很少給妻子寫信，在這個冬日，他破例了。

「滬英啊，這個冬天可真是不好過呀。隊員們累得夠嗆，幾個老隊員都快累得受不了了，我的身體也不如從前，疲憊得不行。過去再疲憊，只要見到那個球，就來神了。可如今，見到球居然也興奮不起來了。每天走到訓練場門口就發愁，我都不想往裏走。」

在家家戶戶闔家團圓歡聚一堂的時刻，袁偉民多麼想和自己的家人坐在一起，吃一口那還冒著熱氣的餃子，舒舒服服地過個春節。但一想到自己在全國人民面前許下的「三連冠」的承諾，袁偉民就不得不迫使自己從幻想中抽離出來，繼續拿出教練的威嚴。在訓練場裏，為了鼓舞士氣，袁偉民衝著隊長張蓉芳大喊：「張蓉芳，把大家的精神提起來！」

張蓉芳收到教練指令，立刻喊了起來：「加油！加油！」

其他隊員聽到後，立馬像打了強心劑一樣歡呼回應。整個訓練場迴盪著大家震耳欲聾的助威打氣聲，這個冬天突然變得火熱起來。

袁偉民鼓舞著大家，他說：「只要下定決心，以破釜沉舟的覺悟備戰奧運會，九個月完全可以訓練出十八個月的效果！」

隊員們一起呼喊，在熱烈的加油聲中，袁偉民似乎又找回了對排球的激情和熱愛，對女排姑娘們的信任和期待。

緊張的訓練正在進行，突然，周曉蘭倒地了。

由於長期的艱苦訓練，她的身體早已多處負傷，而這一次，她的膝蓋又添新傷，疼得她抱著膝蓋，蜷縮在地上，痛苦地呻吟。其他姑娘紛紛停下手上的動作，想要跑過來瞧一瞧。

袁偉民見大家都停止了訓練，他大喝一聲：「繼續練，不要停！」然後，他面無表情地朝周曉蘭走了過去，瞧了瞧。見隊醫跑了過來，袁偉民就默默地走開了，繼續監督隊員們訓練。在訓練場上，受傷是家常便飯。袁偉民知道自己作為教練，一定不能「特殊關照」某個隊員，不能因為某個隊員而耽誤全隊的訓練進程。

其他隊員見教練如此反應，也已經見怪不怪。雖然她們心裏仍舊替周曉蘭捏一把汗，擔心她的身體狀況，但卻不得不聽從教練的安排，撿起地上的球，繼續訓練。

像袁偉民所說的那樣，為了在九個月內訓練出十八個月的效果，袁偉民不僅大幅提高了隊員的訓練量，還將所有隊員的發球都改成遠距離重飄。而對於強攻手郎平來說，除了發球外，增加進攻手段也是一個重點，這就意味著郎平除了要練習一些基礎的進攻動作外，還要再刻苦練習更多高難度的進攻方式，同時還要加強自己的吊球技術。作為中國女排的核心攻擊力，郎平要付出比平時多萬倍的努力，才有可能達到袁偉民要求的水準。

頭暈嘔吐、雙腿痠軟已經是家常便飯了，嚴重時會遭受一些如手指外翻、膝蓋骨破損等常人無法想像的傷病。每次訓練完後，隊員們都筋疲力盡，癱軟在地，連站起身走路的力氣都沒有了。

就連來觀摩女排姑娘們訓練的記者都看不下去了。看著一個個女孩被當作男孩對待，甚至比男孩訓練得還要殘酷，記者不由得心疼起她們來。趁姑娘們休息的空檔，記者偷偷問她們：「袁偉民教練是不是對妳們太狠了？妳們心裏會埋怨他嗎？」

姑娘們只是笑著說：「在球場上，他確實是嚴厲的，從來看不到他的笑容，十分冷酷無情。但他的心可好了，下了場，就跟我們有說有笑、又打又鬧的，就像一位可親可敬的兄長。再說了，要想拿世界冠軍，就必須嚴格要求自己呀！」

有一張記者拍到的照片證實了姑娘們說的話。照片中，袁偉民和女排姑娘們坐在一起吃飯。坐在袁偉民身旁的老隊長孫晉芳，正在調皮地捉弄著袁偉民，袁偉民不僅沒有生氣，還開心地和姑娘們嬉笑著。

姑娘們說，如果不在訓練場上，生活中的袁偉民簡直是一個「暖男」。

但是，在那個冬季，袁偉民卻很是反常，隊員們不管什麼時候見到他，他都面色凝重，不苟言笑。

因為，奧運會愈來愈近了。

失敗的種子

一九八四年八月，在美國洛杉磯的長灘體育館裏，正在舉行第二十三屆夏季奧運會的排球比賽。

女排姑娘們的「三連冠」之夢，近在咫尺。

小組賽開始了，沒想到一上來，中國隊就以一比三輸給了美國隊。

就像之前所說的那樣，中國女排五名主力隊員退役的消息一經傳出，各國球隊都卯足了勁，要抓住此次機會，把中國隊拉下冠軍寶座。美國隊也不例外，她們不僅加強了平時的訓練，還仔細研究中國隊每場比賽的錄影，逐一分析中國隊每位隊員的能力和技巧，並制定了專門的突破戰術。

在觀看這些錄影帶時，美國隊抓住了中國隊的突破點——擅長強攻的郎平。美國隊反覆研究郎平的攻擊動作，為了對抗郎平的強攻，美國隊專門訓練了三名隊員，她們分別是海曼、克羅克特和馬傑斯。美國隊派她們前往日本學習排球技巧，這樣一來，美國隊不僅掌握了歐美排球的理論知識和訓練技巧，同時也瞭解了亞洲國家的訓練方式。

比賽一開始，美國隊制定的戰術便頻頻奏效。郎平的每一次強攻都被打壓，馬傑斯一次又一次地防守住郎平打出的刁鑽的球。只要郎平一準備進攻，網口就會有兩三雙大手，築起高網，讓她難以逾越。海曼和克羅克特這兩名隊員更是火力全開，從網上投來一枚枚「重磅炸彈」，讓中國隊難以招架。

第一場比賽就輸了，本來就沒有信心的女排姑娘們這下子開始害怕了。隊員們人心惶惶，儘管大家嘴上仍在說著鼓舞士氣的話語互相激勵，但每個人心裏都清楚，接下來的比賽，只能是背水一戰。

在這場失利當中，最懊喪的要數郎平了。輸掉比賽後，女排姑娘們來到餐廳就餐，郎平端著盤子，拖著沉重的腳步往前走著，豆大的淚珠從她臉上滾落。郎平緊緊地咬著下唇，倔強地不讓自己發出聲音。她懊悔極了，幾乎要把嘴唇咬出血來。就因為她在這場比賽當中沒有發揮出自己的正常水準，再加上一些年輕隊員缺乏大賽經驗，球隊才輸掉了這場比賽。

在賽後總結會上，袁偉民對隊員們說道：「我們確實輸了球，但我們不能服輸，因為這不是妳們真正的水準。希望大家擺脫這場球失利的陰影，每個人都做好自己的工作，打好對日本的這一仗。」

郎平主動站起來，她邊哭邊把失利的原因歸在自己身上。袁偉民知道郎平身上背負著沉重的包袱，自然無法發揮出最佳狀態。

當天總結會結束後，袁偉民找到郎平，狠狠地指責她：「妳現在有什麼放不下的啊？不就是個世界冠軍嗎？有啥了不起的……」袁偉民的幾句話點到了郎平的痛處，郎平一下子卸下所有防備和包袱，蹲在地上大哭了一場。這可嚇壞了其他隊員，但袁偉民卻一副成竹在胸的樣子，他告訴大家不用管郎平，等她哭過就好了。

果然，第二天，釋放了情緒的郎平感覺自己渾身輕鬆了許多，她在日記裏寫下了這段話：

「教練單獨和我談心，指出不要把壓力變成包袱。對手全力對付我，這是客觀事實。就像我們天天研究海曼，對付海曼一樣。八月三日那場球，被對手制住，我認了，承認這個現實。但是，我不服氣，我的水準還沒有真正發揮。郎平還是郎平，我還是高水準的攻擊手！」

接下來的比賽，是對陣日本隊。

經歷過三年前女排世界盃上與日本隊的交鋒，中國女排的姑娘們自然毫不懼怕，但她們知道，日本隊為了一雪前恥，一直都在苦心鑽研打敗中國隊的方法。

奧運會正式開幕前的訓練活動上，中國女排的姑娘們驚奇地發現日本排球陪練員的球衣上居然印著中國女排隊員們的號碼。可想而知，平日裏日本女排隊員訓練時，一直都把對手當作中國女排隊員。

除此之外，日本女排的主教練也準備了一個祕密武器，專門用來對付中國隊的「大砲」郎平。這和美國女排主教練的思路不謀而合。

第一局比賽進行到一半，日本女排教練山田重雄讓自己著重培養的主攻手杉山加代子改打接應二傳，對付郎平的進攻。這一戰術交換讓人很難預想到，很有可能干擾郎平。然而，郎平竟早有準備，山田重雄的祕密武器並沒有發揮其威力。

最終，日本女排以〇比三輸給了中國女排。

中國女排毫無懸念地打贏了日本隊，這場勝利讓每一位隊員都堅定了必勝的決心。女排姑娘們團結一致，砥礪前行，在接下來的比賽中，都突破重圍，取得了勝利，一步步殺入奧運會決賽。

而決賽對手正是幾天前打敗中國隊的美國隊。

面對美國隊，雖然中國隊的姑娘們嘴上說著「沒問題」，但袁偉民深知，每個人的心裏都還有些忐忑，畢竟一開始輸給了美國隊，決賽再次對陣，會有翻盤的機會嗎？

為了讓隊員們戰勝心中的恐懼和疑慮，袁偉民讓郎平來主持賽前準備會。

在賽前準備會上，郎平對大家說：「大家不要怕，不要慌。之前的比賽我們都贏了，就證明我們有贏的實力。上一場比賽輸給了美國隊，是因為我沒有發揮好，大家放心，這次我一定發揮全力，帶領大家走向領獎台！」

聽到郎平這樣說，隊員們紛紛放下心來。她們逐漸敞開心扉，一個個說出了自己心中的恐懼和不安，郎平作為一個經驗豐富的老隊員，耐心地開導著她們。準備會的最後，每個人都放下了壓力和包袱，她們彼此感激地抱在一起，立下勇奪冠軍的誓言。

郎平見氣氛如此熱烈，趕緊再添上一把柴火，她笑著對大家說：「讓我們把金牌掛在脖子上！讓我們加油幹吧！」十二隻手緊緊地握在一起，她們眼神堅定，已經做好了共赴戰場的準備。

因為是在美國隊的主場，決賽開始前，運動員進場處就已經在播放美國女排之前奪冠的畫面，彷彿在宣告美國已經奪冠。

決戰的時刻到了，中美雙方都派出最強的陣容。美國女排主教練塞林格在場地的另一側，一臉陰沉地凝視著中國女排的姑娘們。他對眼前的這十二名隊員相當熟悉，這幾年來，他和他的隊員們對著錄影帶研究了每個人無數遍。幾號隊員擅長什麼，缺點是什麼，他都能倒背如流。數年磨一劍，這一天，他已經等了很久了。

比賽一開始，中國隊就連贏兩分，並逐漸拉開分差，打出十四比九的成績。然而，美國隊也不甘落後，奮起直追，竟連得五分，將比分追到十四比十四平手。而郎平的進攻也一直被對方的副攻馬傑斯針鋒相對，遭遇困難。

郎平自然不甘心被對方盯防，她想起上次輸球時自己在日記裏寫下的那番話，關鍵時刻，她找準機會，一記重扣，奪回了發球權。

在這個關鍵時刻，袁偉民卻叫了暫停。全場觀眾都發出不滿的歎息聲，就連場上的隊員們也疑惑不解地看著教練。

袁偉民揮手示意，提出換人。只見一位面孔陌生，還略帶青澀的小姑娘跑上了賽場。所有觀眾都在嘀咕：「她是誰？她上場幹什麼？」

袁偉民沒有理會外界的聲音，在他的心裏，已經有了答案。

正在賽場上與隊友相擁的這位新隊員，叫侯玉珠，時年剛滿二十一歲，身高一米八四，她正是在這批女排主力隊員退役後，被招進來的一名新隊員。洛杉磯奧運會是侯玉珠參加的第一場國際大賽。而她作為年輕隊員能留在國家隊，是因為她有一手厲害的發球功夫。據說在平時訓練中，連張蓉芳等老隊員都接不好她的發球。

袁偉民在這個節骨眼上將她換上場，就是為了讓她發揮自己的優勢，發出關鍵的一球。

這時，有觀眾認出了侯玉珠。

「這不是跟巴西隊打比賽的時候，那個把球發到界外的隊員嗎？」

「原來是她啊！袁教練換她上場幹什麼？她能行嗎？」

原來，在小組賽對陣巴西隊的時候，袁偉民也曾將侯玉珠換上場發球。但當時的她因為缺乏大賽經驗，一緊張用力過猛，將球發到了界外。

在中國隊和美國隊打平的這個關鍵時刻，侯玉珠能頂住壓力不掉鏈子嗎？

只見侯玉珠彎腿弓背，做出發球姿勢。蹲起、起跳，侯玉珠拋起球的同時迅速揮動胳膊，蓄力一擊——球急速朝對方球場飛去，過網了，但還在飛。難道這球又要出界嗎？

美國隊隊員似乎已經預料到球會出界的結局，她們明顯已經放鬆了警惕，彷彿這一分已握在手中。

可就在這時，球突然向界內下落。美國隊隊員反應迅速，立馬撲救，可惜已經太遲了，球落在一個誰也救不到的空檔處。

成功了！袁偉民的戰術生效了！名不見經傳的新人侯玉珠為中國隊贏得了關鍵的一分。

對於這位沒有大賽經驗的新人，袁偉民沒有放棄，不僅在小組賽上給予她珍貴的上場機會，還在決賽的關鍵時刻，讓她發揮重要作用。

這寶貴的發球得分讓侯玉珠信心倍增，她感激地看著賽場旁的教練，享受著隊友熱烈的擁抱。

最後一球了，發好了，中國隊就能獲勝！

侯玉珠嚥了嚥口水，她又開始緊張了。

就在這時，郎平拍了拍她的肩膀，輕輕地對她說：「交給我。」

賽場旁的塞林格看到這一幕，緊張地衝副攻馬傑斯使了個眼色，暗示她要盯緊郎平。

哨聲吹響，侯玉珠再次發球。她原地起跳，揮動胳膊，這次，球沒有一直在飛，而是以拋物線的軌跡落在了美國隊的前區。美國隊隊員以為侯玉珠故技重施，會再次發出一個界外球，於是她們早有準備，佈置了最佳防守隊形。但美國隊沒有想到的是，侯玉珠的這次發球，並不是一個界外球。美國隊預判失誤，她們的一傳趕緊衝網救球。球被美國隊救起，但卻導致她們一傳位置空缺。

就在這時，郎平快速出擊，她迅速起跳，探頭，狠狠一擊，球重重地砸在了對方的地板上！

中國隊以十六比十四的成績拿下了第一局！

中國女排隊員們欣喜若狂，她們激動地抱在一起，盡情地吶喊揚威。一旁的袁偉民並沒有激動，他淡定地坐在椅子上，腦海裏回放著侯玉珠剛剛的兩個發球，在自己的記事本上寫下了「立功」兩個字。要知道，袁偉民的這個記事本，平時一直用來記載賽事中出現的各種狀況和問題，很少會提及某個隊員的出色表現。這簡單的兩個字，足以看出袁偉民對侯玉珠的認可。不僅如此，袁偉民還親自走到侯玉珠身旁，與她握手，給予她肯定的眼神。

金牌之戰，第一局的成敗極其重要。第二局比賽，開局美國女排還在狀態，能夠跟上比賽的節奏，但郎平一次攔死對方二號位進攻之後，中國女排整體攔網都打出了氣勢，發揮出了高水準。

楊曉君、梁艷、楊錫蘭等隊員的攔網有如神助，甚至身高只有一米七二的鄭美珠，也攔死了一次海曼的高點開網進攻。美國隊員在經歷開局的失敗後，情緒開始慌亂，在接下來的比賽中頻頻失誤。美國隊在第二局節奏感逐漸喪失，亂了陣腳。

贏得十三分時，中國隊遙遙領先，袁偉民再次換上侯玉珠，兩次發球又一次導致美國女排失誤失分。中國女排順利地拿下第二局。

這一局的勝利，像是一針強心劑注入每個人心中。中國隊的姑娘們士氣大振，乘勝追擊，一鼓作氣拿下了最後一局。

中國女排勝利了！中國女排實現了「三連冠」。

十二名女排姑娘站在領獎台上，她們拉著袁偉民的手，泣不成聲。袁偉民兌現了自己的承諾，帶領中國女排姑娘憑藉自己的實力，為國家贏得了全世界的尊重和認可！

領獎台上喜極而泣的姑娘們，終於實現了心中的夢想。

在接下來的幾項大賽中，她們乘勝追擊，在一九八五年的女排世界盃和一九八六年的第十屆世界女子排球錦標賽中，女排姑娘們都取得了完美的勝利，創造了世界排壇

「五連冠」的神話！

中華人民共和國的國旗一次又一次地在世人面前升起，雄壯的〈義勇軍進行曲〉讓每一個中國觀眾熱血沸騰。冉冉升起的國旗下，站在最高領獎台上的中國姑娘們手持金牌、熱淚盈眶的情景，已經成為那個艱難時代永恆的記憶；她們創立了輝煌的戰績，也成為那個時代不朽的傳奇！

然而，彼時站在輝煌頂點的女排姑娘們怎麼也沒有想到，失敗的種子早已在暗中埋下，孕育出的籐蔓悄悄地攀爬上努力與汗水鑄成的銅牆鐵壁，裂開的牆縫將使十年的基業轟然坍塌。

起死回生

在一九八六年取得「五連冠」後，中國女排面臨著有史以來最為嚴峻的考驗。在這段時間內，郎平等老隊員紛紛退役，主教練袁偉民也由於年齡原因而離開。雖說排球球隊裏新老交替是常事，但世界各國的女排球隊可不會留給我們時間，讓隊員們平穩地完成交接。

於是，在一九八八年的漢城奧運會上，中國女排的「六連冠」之夢被蘇聯隊擊碎，戰況十分慘烈。全中國的觀眾都震驚了，曾經的冠軍雄風呢？怎麼會打出〇比十五的分數呢？不僅如此，在一九九二年的巴塞隆納奧運會上，中國女排排到了第七名，連準決賽都沒進入。難道，中國女排真的不行了嗎？

時任中國排球協會主席的袁偉民眉頭緊鎖。他知道，這已經到了中國女排生死存亡的時候，如果沒有一個好教練帶她們重新整頓，中國女排也許就會一蹶不振。可這個時候，到底誰能扛起這個重擔呢？
瞬間，一個熟悉的名字在他腦海中閃過。沒錯，只有她了！
只要她回來，一切就都還有機會！
飛機衝入雲霄，再經過十幾個小時，郎平就要回到中國了。此刻身處雲端的她，心裏忐忑不安：一是自己幼小的女兒浪浪能否接受媽媽不在身邊的事實；二是自己能否承擔這份重任，復興中國女排。不管結果是什麼，那一句深情的呼喚讓她義無反顧：「郎平，祖國真的需要妳！」
郎平盯著窗外的雲，輕輕地歎了口氣：「想再多也沒用了，既然做出這個決定，就一定要堅持到最後。」
機艙裏的所有人都不知道，這個高䠷堅忍的女人，將改變中國女排的命運。
雖然郎平回國的事情極其低調，但收到消息的記者們早就堵在首都機場的門口，在寒風中裹緊軍大衣，準備了一系列的問題想讓這個昔日女排王者「鐵鎯頭」來回答。畢竟，在郎平她們這一代女排運動員退役後，中國女排的實力和國際排名直線下滑，而每一個熱愛中國女排的中國人，都想讓女排重振昔日的雄風。郎平的回歸讓他們堅信，中國女排的黃金時代即將到來。

郎平在幾年前退役後，一心扎入學習中。先是在北京師範大學攻讀英語專業，隨後又前往美國進行治療。在治病的同時，她不忘學習，在新墨西哥大學繼續攻讀體育管理專業，並成功獲得了碩士學位。可以說，郎平不僅是中國女排歷史上打球最好的運動員之一，還是學歷最高的運動員之一。在幾年來的治療和求學過程中，郎平雖然在國人的視野中漸漸隱退，但她卻一直心繫中國女排。甚至在巴塞隆納奧運會前，懷孕八個月的郎平也在為隊員們打氣，因為郎平熱愛這項運動。

也正是這份對排球的熱愛，讓郎平能夠克服重重困難，在女排面臨危機的時候，回國接下執教的重任。她知道，她的歸來，能夠幫助和她一樣熱愛排球的女排隊員們。

在得知郎平回國的消息後，本在黑暗谷底的中國女排再次看到了希望。尤其是本準備向「國家體育運動委員會」提交辭呈的賴亞文等運動員，得知郎平歸來，決定放棄離隊的打算，再次放手一搏。

終於，那班從美國到中國的飛機降落了。

郎平走到出口的瞬間驚呆了，她想不到，竟然有那麼多人在等待她。記者們紛紛拿著攝影機和話筒在等她發言，而球迷們則發自內心地為她吶喊。恍惚間，郎平回憶起了一九八五年的女排世界盃，那場決定女排能否實現「四連冠」的關鍵比賽。

那是郎平退役前的一場比賽，中國女排剛剛進行了一場「大換血」，隊員新老交替，許多新隊員都缺乏大賽經驗。而此時的古巴隊卻是世界女排中最大的黑馬。面對強敵古巴隊，郎平作為主攻手，她標誌性的扣殺球卻愈來愈少了，原因就在於，郎平長期訓練遺留下的傷讓她無法再發力扣球，並且，強敵古巴隊的實力實在是太強了，我們的女排隊員早已體力透支。

但郎平從未想過放棄，她看了一眼觀眾席，人海中爆發出潮水般的加油聲，一條需要十幾個人才能拉開的巨型白色橫幅映入自己的眼簾，上面寫著「郎平加油，中國必勝」。八個大字在觀眾席上飄揚著，重燃了郎平的戰鬥欲望。

這種熟悉的感覺，在郎平走到機場出口的一瞬間就被喚醒。郎平堅定了自己的想法：回國是值得的，中國隊必將再起。

沒有人知道，郎平此時的身體帶著難忍的傷痛，但郎平沒有告訴任何人，因為她知道，這時候的自己，更應該咬緊牙關，帶領中國女排再創輝煌！

此時女排國家隊的訓練條件依然有限，就算郎平現在是教練，也只能居住在十平方公尺的宿舍中，但郎平心裏明白，這是國家能給她提供的最好的條件了。如果只是為了物質條件，郎平又怎麼會回國呢？

緊張的訓練很快就開始了。與以往女排的「魔鬼訓練法」不同，作為指導教練的郎平帶來了全新的指導方法。

在郎平到來之前，中國女排的訓練方法沿用的是大松博文的「魔鬼訓練法」，即「三從一大」的精神，即從難、從嚴、從實戰出發和大運動量訓練。在二十世紀七〇年代，這一套訓練方法的確有效提高了中國女排的實力，然而現在的情況卻不一樣了，必須重新制訂科學的訓練計畫。

郎平針對每一位隊員的腰傷、腿傷和肩傷等病痛情況，給每一位隊員制訂不同的訓練計畫。在那個時代，這可是前所未聞的訓練方法。而反對的聲音也從來沒停止過，許多人都認為，郎平的訓練方法只會讓女排的實力愈來愈差，因為在那些人眼中，只有堅持「魔鬼訓練法」才能讓中國女排崛起，郎平的做法只會讓女排隊員們開始「偷懶」。

但我們的「鐵榔頭」郎平才不在意那些門外漢的言語，因為郎平心裏知道，只有按照自己的方法訓練，才能讓女排真正復興！而且郎平制定的計畫，可一點兒都不比「魔鬼訓練法」輕鬆。

事實上，隨著郎平的訓練，中國女排的實力的確在不斷上升。在每一次的訓練中，隊員們都能明顯感覺到自己在不斷變強。

初嘗進步的喜悅後，隊員們不再懼怕勞累，全心全意地投入訓練中。她們信任郎指導，也相信自己能夠讓中國女排重獲榮耀。而作為主教練的郎平，她需要付出比隊員更多的努力。

白天，郎平陪著每一位隊員在訓練場刻苦訓練，親自為她們示範，傳授她們經驗。到了晚上，在隊員們訓練完畢熄燈入睡後，郎平還要在她那十平方公尺的宿舍裏準備第二天的教案。她每晚都會拿出各國女排參賽時的錄影帶，研究外國隊員們的打球特點，常常會研究到大半夜，甚至做夢都在指導隊員們打球。

在高強度的工作壓力下，郎平的舊病終於復發了。

那是一個平常的中午，郎平和隊員們正在吃飯。談笑間，郎平的眼前愈來愈暗，還沒回過神的時候，就已經暈倒在地上了。這可嚇壞了女排隊員們，因為在她們心中，郎平是她們的核心力量，是永不言敗的「鐵鎯頭」指導。郎指導病倒了，她們該怎麼辦？慌亂中，她們趕忙把郎指導送到了醫院。

女排隊員們在病床旁焦急地等著，等待她們的郎指導趕緊醒來。而此刻躺在病床上的郎平，意識雖然微弱，卻不斷地在告訴自己，中國女排還在等著她。

聽到郎平住院的消息後，一個重要的人立馬趕到了醫院，他來到郎平面前呼喚著她：「郎平，妳一定要堅持住！」

這句熟悉的話，一下子就喚醒了昏迷中的郎平。躺在病床上的郎平，腦海中突然回憶起從前的光輝歲月。沒錯，這個人就是郎平昔日的教練——袁偉民！在病床上的郎平微弱地應答道：「我知道了，我馬上就回來！」

聽到郎平的回答，在場的所有女排隊員都長長地出了一口氣，昏迷的郎指導終於有反應了！

來不及在醫院休養，郎平就拖著疲憊的身體，再次和隊員們回到訓練場，因為她知道，留給中國女排的時間不多了，她不能讓大家把時間都浪費在自己身上。

此時，距離亞特蘭大奧運會還有一年。

除此之外，還有一個隱藏在郎平內心的祕密在推動著她前行，那就是和女兒浪浪的約定：在美國亞特蘭大奧運會上相見。

在巨大的工作壓力下，郎平的身體愈來愈差，而唯一能給她帶來安慰的，就是相隔半個地球的女兒——浪浪。

每到晚上，完成對國外女排隊的打法分析後，郎平便會打開電腦，和處於清晨時間的女兒聊一會兒天。有時候郎平要睡覺了，女兒浪浪卻希望媽媽不要關掉視頻，因為這樣，浪浪就可以看著媽媽睡覺了。

郎平是多麼想放棄手中的事業，回到女兒身邊啊，可此時的她不能這樣，因為在她的背後還有女排隊員們的期待。

幼小的女兒常常認為，媽媽是為了賺錢才離開她的。於是，浪浪常會跟媽媽建議說：「媽媽，妳回來吧，我可以每天少吃一點兒，給妳省錢！」

充滿童真的話語讓郎平的內心久久不能平復，因為她知道，這個時候的女兒，和其他孩子一樣，唯一希望的就是有媽媽在身邊陪伴。

那麼小的孩子，又怎能理解自己這份職業背後的沉重呢？那可是舉國上下幾億人的期待啊！郎平心裏很清楚，現在她要做的，就是帶領女排拿到最好的成績。

一九九六年七月，亞特蘭大奧運會開始了。由郎平帶隊的中國女排再次出征。但郎平似乎總是與奧運會相衝。在十二年前，郎平以運動員的身份參加洛杉磯奧運會比賽時，正值她闌尾炎發作。而現在，郎平帶隊參加亞特蘭大奧運會的第一天，她就開始持續高燒，陷入昏迷。

幸虧袁偉民也陪著她們來到了亞特蘭大，能給郎平幫忙，但他心中卻很不安，因為是他發去了電報，把原本在美國生活幸福的郎平叫回中國，還讓她承擔了如此沉重的責任。

郎平的內心也無比自責，因為在節骨眼上，自己竟然是第一個掉鏈子的人！就如同妳為了最重要的考試認真準備，每天都在和自己的懶惰做鬥爭，只為了在考試時證明自己努力的成果，然而在第二天清晨，卻發現自己因生病而無法參加考試。

幸運的是，郎平對隊員們的訓練產生了作用，每一位隊員面對強敵都毫不畏懼。

在七月二十日到二十六日這幾天裏，中國女排力挫荷蘭、韓國、美國和烏克蘭四國的女排球隊，讓全世界都大吃一驚，因為這是唯一一支開賽以來無一敗績的球隊。

郎平終於醒來了，她醒來的第一件事，就是要求隊醫田醫生放她去賽場，因為她要陪著隊員們參加完剩下的所有比賽。主治醫生不同意郎平的要求，畢竟這只是一場比賽，郎平的身體才是最重要的。但他怎麼強得過「鐵鎯頭」呢？最終只能給郎平打了一針後，放她去了比賽現場。

看到郎指導回來，女排姑娘們的士氣再次高漲，在接下來的數日裏，又連續擊敗了日本、德國和俄羅斯女排隊，創造了在奧運會上七戰全勝的紀錄。這個時候，再也沒有人敢懷疑郎平教練和中國女排了。

時隔八年，中國女排終於再次進入了奧運會的決賽。而對手，是正值巔峰的「超白金一代」的古巴隊。

比賽開始了，在雙方的拚搏下，體育場內的每一個人都興奮起來。與此同時，郎平發現觀眾席上一個小小的觀眾正在為中國女排賣力地吶喊。郎平的眼眶裏流出了幸福的淚水，那個小傢伙正是自己的女兒——浪浪。

看到女兒正在為自己帶的球隊加油吶喊，郎平覺得，這一切的選擇都是正確的，因為她不僅要肩負起教練的責任，還要承擔起一個母親的責任——讓女兒因自己而自豪。

比賽最終還是要決出勝負的。最終，中國女排雖然還是輸給了古巴隊，但我們的中國女排卻贏回了久違的自信和尊嚴。

先苦後香的工夫茶

沒有人會想到，在二〇〇二年的德國世界女子排球錦標賽上，眾望所歸的中國女排竟然只取得了第四名的成績，黯然離場。此時的教練已經不是郎平，而是陳忠和了。

在回國的飛機上，教練陳忠和一言不發，只是咬著下唇看著窗外厚厚的雲層。女排隊員們一句話都不敢多問，但她們卻像熱鍋上的螞蟻，焦灼難耐。畢竟再過一個小時她們就要回到首都機場，要面對記者們的「砲轟」了。

老將張越紅知道自己要替隊員們問出這個不該問的問題，那就是面對記者和球迷們，她們到底該怎麼回答。

「陳教練——」坐在陳忠和後面的張越紅側著身子，小聲說了一句。話還沒說完，陳忠和就打斷了張越紅，平靜地說：「不要害怕，我去應付。」

這句話就像泰山一樣穩住了每一個隊員緊張的內心。是啊，作為一名運動員，真正該考慮的是如何訓練以及如何在賽場上揮灑汗水，其餘的想法只會干擾自己，讓成績愈來愈差。

隊員們剛下飛機，蜂擁而上的攝影機和話筒就堵住他們。在閃光燈下，陳忠和只是平靜地跟記者們說：「我們的確犯了很大的錯誤，但我們會以此為鑑，讓下次比賽的成績替我們回覆這些問題吧。」

隨後，陳教練帶著女排隊員們離開了機場。雖然隊員們一句話都沒有說，但她們眼眶裏含著的淚水早已透露了她們內心的想法，那就是對比賽失敗的懊悔。

離開機場，陳忠和立馬帶著隊員們在訓練場開了一個小會。女排隊員們情緒低落地坐在木地板上，準備迎接陳教練的責備。她們知道，暴風雨來臨前總是格外平靜，而陳教練從比賽結束到現在都非常平靜，所以接下來的，絕對是一場狂風暴雨。

陳忠和忽然和隊員們一樣坐到了地上，笑著問了一句：「妳們在福建訓練的時候都喝過工夫茶吧？」

這句話一下就把女排隊員們給問蒙了，這狂風暴雨來得也太溫柔了吧？沒人敢回應陳忠和的話，只有直爽的張越紅老實地說：「喝過。」

陳忠和點點頭問：「喝的時候是什麼感覺？」

「一開始，苦得舌頭都要掉了，但後來嘴裏就全是芳香了。」張越紅說完後，所有隊員都點了點頭。

「關於這次的比賽，我想跟大家說得很簡單。」陳忠和溫和而堅定地跟隊員們說：「人生會經歷很多挫折，品嘗一下苦澀的工夫茶會舒服一些。它也會告訴妳，在艱難的時候如何看待一切。曾經經歷過的苦痛，就是人生的一筆財富，回過頭時，妳會發現妳積累了不少財富，這會幫助妳走向成功。」

聽到這裏，所有隊員的眼眶再次溼潤了。

「所以，我們沒有時間懊悔，還有一年，女排世界盃就要開賽了。在這一年裏我們要變得更強，然後拿回屬於我們的冠軍吧！」陳忠和從地上站了起來，把排球扔向了隊員們，一臉嚴肅地喊道：「訓練從現在開始！」

張越紅接住排球，帶著隊員們開始訓練。身為一名老將，張越紅知道自己和其他隊員不一樣，她參加過更多的比賽，經歷過更多的成功與失敗，所以她現在必須扛起隊伍的大旗，幫助陳忠和，帶領隊員們走出情緒的低潮。

可沒有人知道的是，當初要不是陳忠和慧眼識珠，張越紅早就退役了。

原來在二〇〇一年，作為遼寧隊主攻手的張越紅因為年齡問題即將退役，而陳忠和看到張越紅在場上的表現後，便直接要走了她。陳忠和對外的解釋是：「我看中的是張越紅強烈的責任心和出眾的彈跳力，她總能在關鍵的時候顯示威力。年齡不是問題，我相信我的眼光。」

來自遼寧的張越紅有著一米八二的傲人身高，身為東北人的她身上也有兩個特點：直爽、開朗。在球隊中她一直都像一個知心大姊姊一樣，尤其是新隊員來的時候，無論是生活上還是訓練上，她總會細心地傳授給她們經驗。每一個小隊員都會親切地稱呼她

「紅姊」。

但也正是這股北方人的直爽勁，讓她在法國學習的時候鬧了個大誤會。

在那個年代裏，國際排壇有個不成文的規矩，那就是只要在中國女排國家隊打過球的，無論是主力隊員還是替補隊員都可以直接到歐洲球隊打球。在二〇〇二年之前，中國國家隊考慮到張越紅為國家隊和遼寧女排做出的貢獻，決定派張越紅去歐洲打球訓練。在張越紅離開之際，陳忠和語重心長地跟她說：「妳到那邊要保持好狀態，等回國後我還用妳！」

在教練和國家的期待下，張越紅飛到了歐洲。

獨自一人在語言不通的國家，一般人都會有害怕和想家的感覺，但張越紅不一樣。到法國不到一個月的時間，這個爽朗的東北姑娘就用她的感染力跟各個國家的隊員打成了一片。尤其是在過生日的時候，以前為她祝福的都是楊昊、楚金玲這些小師妹，但是這次，她身邊可圍滿了法國、荷蘭、克羅地亞、德國等各個國家的「洋姊妹」。為了表達對這個東北姑娘的喜愛，隊裏的朋友們專門組織了一場盛大的生日宴會。各式各樣的生日禮物像小山一般堆在了張越紅的面前。感受到來自世界各地的朋友帶給她的溫暖後，張越紅想要請客來感謝大家，可她沒想到，在國外的規矩是「ＡＡ制」，所以她們根本不願意讓張越紅出錢。這下可好，收了大家一堆禮，卻不能用請吃飯來回禮，弄得張越紅怪不好意思的。

等張越紅結束了歐洲之旅，就到了赴陳忠和的約的時候了。沒想到的是，在二〇〇二年的世錦賽上，中國女排姑娘們竟然打得一場糊塗。

「還剩一年時間，世界盃就開始了，我們要更加努力地訓練！」張越紅經常用這句話來激勵隊友。她和陳忠和都明白，上次比賽成績差的最大原因，就是女排隊員們基本功太薄弱了。於是球隊繼續貫徹陳忠和的訓練方針：早八晚無。

這個早八晚無的訓練法怎麼聽上去還挺輕鬆的？知道了它的含義，你就不會這麼想了——這意味著早上八點起來訓練，訓練到晚上無限延續！

雖然這樣的「魔鬼訓練」折磨得姑娘們每天身體都像灌了鉛一樣，但她們依舊死死咬牙堅持，因為她們知道，必須在一年的時間內打磨好自己，不能重蹈二〇〇二年世錦賽的覆轍了！只是，這每天都是練球的生活，讓她們看到一切圓形的東西都想吐。

訓練接球的時候，陳忠和就像一個機器人，永遠都能高速且用力地把球扔出去。隊員們就像在砲火轟炸區裏用手截砲彈一般攔球，而且時常會因為來不及反應而摔倒，而摔倒一次後就會發現，下一個球更難接了——陳忠和不會給任何隊員喘息的機會。

「妳覺得妳的對手會因為妳的失誤而等妳嗎？」陳忠和站在高台上大喊，「不會！她們只會更興奮地發動下一次進攻！」說完，陳忠和立刻又砸下一球。

此時的張越紅雙臂張開，躺在訓練場上大口喘氣。其他隊員也東倒西歪，累得說不出話來。陳忠和就冷冷地問一句：「就這點水準嗎？」

「不止這點，我們繼續訓練吧！」女排隊員馮坤拚盡全力站起來，對站在高處的陳教練說。

此時馮坤是中國女排的隊長，身材高䠷的她曾被郎平如此評價過：「得馮坤者得天下。」陳忠和也曾評價過她：「她在場上非常努力，雖然狀態尚未達到最佳，但是克服了很多困難，發揮了自己的水準，起到了一個隊長應該起的作用。」

和其他隊員不一樣的地方在於，馮坤是隊裏少有的出生於高級知識份子家庭的孩子。在她八歲那年暑假，媽媽帶著小馮坤前往田徑班報名，可命運之手卻悄悄地撥弄了絲線，田徑班竟然滿員了，媽媽只好帶著馮坤在一旁的排球班報了名。更巧的是，馮坤打排球的天賦一下子就被這個排球班的老師給看上了，而這個老師，正是郎平的排球啟蒙老師——王桂蘭。

在假期結束後，王桂蘭教練主動找到馮坤的父母，告訴他們，馮坤可是一個打排球的人才，希望她能在排球這條路上好好走下去。就這樣，馮坤進入了北京市重點體校——北京市什剎海體育運動學校，踏上了她的排球之路。

就在馮坤站起來後，原本想要放棄的隊員們紛紛咬牙站了起來，堅持完成了這次

「魔鬼訓練」。

時光飛逝，二〇〇三年的女子排球世界盃終於來臨了！中國隊頑強拚搏，以十戰全勝的優秀戰績闖入了總決賽。這炫目的成績讓全世界觀眾驚呆了，因為從來沒有一支球隊能夠在一年內取得這麼大的進步，但中國女排不會給對手任何反應的時間，尤其是在面對宿敵日本女排的時候。

比賽開始前，陳忠和對著張越紅等隊員說道：「日本隊的特點就是鈍刀子割肉，把我們拖疲了再反攻，所以這場決賽一定要快、準、狠！」

哨聲響起，比賽開始了。中國女排像狼群圍剿綿羊一般，沒有給日本隊任何喘息的機會就結束了戰鬥。尤其是第三局，女排姑娘們以二十五比十三的傲人成績獲勝。在裁判吹響比賽結束的哨聲時，日本隊的隊員們都呆住了——比賽竟然這麼快就結束了！這一切都太突然了，自己的特別戰術還沒用上呢！

可中國女排隊員們只是調整了一下呼吸，並沒流露出過多的欣喜，因為她們知道，享受工夫茶芳香的時候不是現在，而是半年後的雅典奧運會。

這一次，中國女排隊員們和教練陳忠和又在飛機上陷入了沉默，但這次的沉默和二〇〇二年世錦賽後的沉默不一樣。這一次，隊員們早已心意相通，知道回國後該幹什麼了。

訓練繼續，陳忠和又開始祕密培養一位新人——來自天津的力量型副攻手張萍。為什麼要在如此重要的比賽來臨之前突然培養一位新人呢？這個令所有人都好奇的問題，將在雅典奧運會的決戰上揭曉答案。這可是陳忠和培養的撒手鐧之一。

雅典奧運會如期而至，在賽場上，中國女排再一次讓世界震驚。在八場比賽中，中國女排一共獲得了七場比賽的勝利。唯一失敗的一場是面對強敵古巴隊，但這場失敗很快就在準決賽上輕鬆地還給了古巴隊，中國女排拿到了決賽的入場券。

而中國女排最終要面對的敵人，就是曾經最強的球隊——俄羅斯隊。

在十六年前的漢城奧運會上，蘇聯女排一戰將中國女排打入深淵，從那之後，中國女排再也沒有拿到過奧運會金牌。時光飛逝，從蘇聯女排到俄羅斯女排，她們的實力卻一直保持在高水準。這次的比賽，中國女排還能像之前一樣獲得勝利嗎？

比賽一開始，俄羅斯隊的身體優勢立刻顯現了出來。中國女排甚至覺得是在和男排進行比賽。

最要命的是，中國隊的進攻十分吃力，因為我們的主攻手王麗娜已經被俄羅斯隊研究透了，無論是她的發球還是進攻，總是會被對方預估到位置而攔下。

第一局比賽和第二局比賽就像兩個冠軍在摔角一般難解難分，但俄羅斯隊卻以三十比二十八和二十七比二十五的比分險勝中國隊。這可怎麼辦？再輸一局，中國隊可就拿不到冠軍了！

此時的陳忠和冷靜地跟隊員們說了一句：「記得那天的發球訓練嗎？拿出妳們打不倒的堅韌精神，只要扛過這一局，我們就能反敗為勝！」

女排姑娘們聽到這句話，內心想要奪冠的熱情再次被點燃。是啊，離冠軍只有一步之遙，哪裏有放棄的理由？與此同時，陳忠和換上了老將張越紅，他笑著對姑娘們說了一句：「剛剛我們只是讓二追三。」

果然，在張越紅上場後，中國隊的扣殺線路開始活了起來，再加上張越紅對時間差的掌握，中國隊很快就連扳兩局，接著讓整場比賽進入了最驚心動魄的決勝局！中國隊只要拿下這一局，金牌就能被我們摘下了。

在這一局中，小將張萍發揮出色，頻頻得分。張萍是中國少有的力量型副攻手，無論是跳發球還是快攻實力都是數一數二的。尤其是她的跳發球，她憑藉著發球力量大和速度快這兩點，曾獲得全國聯賽的「最佳發球獎」。這次，她的快攻給俄羅斯隊造成了很大威脅。

女排姑娘們緊密配合，穩紮穩打，最終十四比十二領先，使比賽進入了最後的賽點。此時，隊長馮坤拋球，同一時間，張萍快速移動。這一個小小的舉動吸引了俄羅斯女排的注意，她們判斷，這次的扣殺隊員絕對是張萍，立刻組織防守，準備攔下張萍的進攻。但讓人意想不到的事情發生了，馮坤將球傳給張萍後，張萍竟然將球墊了起來！而在一旁伺機而動的張越紅此時才一躍而起，伸展開她纖長的手臂。原來陳忠和真正的目的是讓張萍吸引俄羅斯女排的注意力，然後在她們大意的瞬間，讓真正的進攻選手張越紅擊潰她們的防線。

等俄羅斯女排反應過來時，早已無力回天。張越紅一記沉重的扣殺，得分！裁判的哨聲響起，整場比賽結束。女排隊員們和教練陳忠和擁抱在一起，享受著久違的冠軍榮光。大家都流出了幸福的淚水，而中國女排的隊員們，也終於品到了工夫茶那苦澀味道後的芳香滋味。

艱難時刻

二〇一二年的八月七日，中國女排正在英國倫敦奧運會上揮灑著汗水，和日本女排爭奪準決賽的入場券。此時的中國女排狀態並不是很好，尤其是上一任教練陳忠和的卸任，讓女排隊員心中空蕩蕩的。

但這不是水準降低的理由，中國女排還在盡全力地拚搏。尤其是對於主攻手惠若琪而言，她的每一次進攻都背負著巨大的壓力。因為此時此刻，在場外為中國觀眾解說的人，正是曾任中國女排教練的郎平。惠若琪知道，自己打出的每一球的成敗，都逃不過「鐵榔頭」郎平的眼睛。

出生在遼寧大連的惠若琪畢業於南京師範大學體育學院，身上流淌著東北人的血液，擁有一米九二的傲人身高，而這絕佳的先天優勢讓她很輕易就進入了排球的世界。天生不服輸的她，在初中的時候就十分主動。在一開始，她想成為球隊中的主攻手，於是她在幾個月的時間內刻苦訓練，成功取代了主攻手的位置。緊接著，她又以成為隊長為目標，結果過了一年的時間，她就成了排球隊隊長。

隨著惠若琪球技的提高，她經常被選拔參加國內外的賽事，有時一去就是半個多月，再加上平常訓練佔用的時間，她用在文化課上的時間只有同學們的一半。但惠若琪不服輸的性格讓她暗下決心，不僅要在排球上成為強者，在文化課上也要證明自己。於是她找到幾門文化課的老師，跟他們要來了講義和作業，在訓練之餘刻苦自學。就這樣，在期末考試到來之時，曾經倒數第一的惠若琪取得了班上第一名的成績。

這就是惠若琪，一個不服輸的倔強女生。而這也只是一個開始，她在十五歲的時候，參加江蘇省第十六屆運動會，成功拿到了室內排球和沙灘排球兩項冠軍。此後加入江蘇隊，帶領江蘇隊參加全國女排職業聯賽，獲得了江蘇隊七年來最好的成績——季軍。

雖然球隊只拿到了季軍，但水準高超的惠若琪一下子就被眼光毒辣的陳忠和看中。在二〇〇七年，惠若琪被中國女排主教練陳忠和選入國家女排，成為一名國家女排運動員。事實也證明了陳忠和的選擇是正確的。

然而在倫敦的這場比賽中，中國女排卻止步於四分之一決賽。所有人都開始思考，我們中國女排到底該何去何從。

但比所有人都更焦心的，卻是郎平。

身為國家隊原主教練的郎平，因為過去遺留下的傷病而不得不每年都去國外治療。也正是由於這個原因，她已經離開國家隊教練這個職位十幾年了。在二〇一二年，她應邀擔任倫敦奧運會女子排球項目的解說員，在四分之一決賽的時候為觀眾解說這場比賽，和他們一起見證中國隊的颯爽英姿。可比賽的結果卻大大出乎郎平的意料，中國隊竟然輸了，在休息室裏的她落淚了。

面對各國媒體爭先恐後的提問，郎平沉默著獨自一人離開。她看著鏡中的自己，飽經風霜的臉龐和幾根銀絲提醒著她，自己不做中國女排的進攻選手已經幾十年了。女排隊員們早已更替了好幾波，實力的飄忽不定自然可以理解。「但中國女排不該是這個樣的啊！」郎平呢喃著說出了這句話。

二〇一三年，在中國女排再次陷入危難的時刻，我們的「鐵鎯頭」郎平再次臨危受命，擔任中國女排主教練。這次，渾身舊傷的她，還能帶領中國女排再次獲得榮光嗎？

女排隊員們熱烈歡迎郎平的歸來，她們都認為郎平會帶來新的訓練計畫，但出乎隊員們意料的是，郎平帶她們做的第一件事是體檢。

多年征戰，隊員們無不傷痕累累。郎平認為，要使這支球隊走出困局，科學的訓練和先進的保障都不能缺少。

郎平首先廢除了國家隊沿用數十年的負重深蹲訓練，又學習借鑑西方強隊的經驗，組建起一個由主教練、助理教練、陪打教練、醫生、康復師、體能師、營養師、資訊情報研究人員、數據統計人員等專業人才組成的複合型保障團隊，隨時關注隊員們的身體情況，為受傷的運動員提供及時的治療。這些改變，讓女排的訓練成績突飛猛進。

這個道理就跟我們學習一樣，每天二十四小時都趴在桌上學習是效率最低的方法。

只有休息好了，才能更好地學習。而女排姑娘們在療養好後，爆發出來的能力是驚人的。

郎平還引入了「大國家隊」理念，大刀闊斧地改組女排隊伍，留下惠若琪、魏秋月、曾春蕾等少數幾個老隊員，又破格選用朱婷、袁心玥、張常寧等一批在一九九五年前後出生的年輕隊員。女排人才儲備量也得到大幅擴充，集訓的國家隊大名單擴大到三十多人，老中青結合，新老隊員一起構建起中國女排的中堅力量。

排球天才朱婷

一九九四年的十一月二十九日，河南省周口市鄲城縣朱大樓村的一戶普通農民家中迎來了第三個女兒的誕生。沒有人會想到，這個河南農村的女嬰，日後將成為世界有名的排球天才。

對了，她叫朱婷。

雖然朱婷一家世世代代都是普通農民，但他們一家在村裏可是無人不知，無人不曉。為什麼呢？因為他們家可是「巨人之家」。什麼意思呢？就是他們一家人平均身高都超過了一米八！尤其是朱婷，在她十歲的時候就已經有一米七的身高了！

因此，朱婷在上小學的時候一直是班裏的模範生，無論在身高還是學習成績上。就算是小男生之間發生了衝突，只要朱婷一出現，他們就會安靜下來。

令人哭笑不得的是，看起來人高馬大的朱婷卻是班裏最溫柔的女生。無論是在課堂上還是課間活動時，她總是會謙讓其他同學。每一次活動的時候，朱婷都像一個大姊姊，帶著一群小朋友玩。

隨著年齡的增長，朱婷的個頭兒愈竄愈高，僅僅一年後，她就長到了一米八！朱婷和班上同學站在一起，猶如鶴立雞群。學校裏的體育老師給朱婷提了一個好建議，那就是前往河南省周口市的體育學校。這位體育老師永遠都不會想到，他這個小小的建議就如一把鑰匙，將開啟這個姑娘和中國女排的命運相交的大門。

可這卻難住了朱婷的父母，世代務農的他們從來沒有參與過任何體育活動。他們很難確定，自己的三女兒朱婷真的有體育細胞嗎？但他們願意讓朱婷跨出這一步，第一是因為朱婷自己願意成為一位運動員，第二是因為作為父母，不願意女兒像自己一樣，繼續面朝黃土背朝天，辛辛苦苦當農民了。

巴士的引擎啟動，朱婷與車窗外的父母揮手告別，踏上了改變命運的體育之路。

初到體校的朱婷需要學習專業體育知識，雖然她的先天條件非常好，但卻有一個小問題，那就是營養不良。朱婷從小生活在農村，營養不良總是跟不上，但在那個時候，沒有人注意過這個問題。朱婷自己也沒有注意到，只是單純地把營養不良當作「沒吃飽」。第一年的訓練強度並沒有讓這個問題暴露出來，而性格堅忍的朱婷也沒把它放在心上，反而更加努力地訓練。

第二年，朱婷因為符合「女子十四歲以下，身高一米八以上」的條件而被選入河南省體育運動學校開設的排球訓練班。

命運就是那麼有趣，冥冥之中彷彿用一根根細線，將每個人牽引到本該屬於他們的天地。

在第一節排球課上，朱婷就被這項運動深深吸引了，沒有任何原因，她就是喜歡手臂接觸到排球時的感覺，就是喜歡和隊友們一起在賽場上配合，用一個潔白的球擊潰對方的防線。

學習排球除了要參加實戰，還要觀看優秀隊員的比賽錄影。中國女排的比賽錄影，是全世界學習排球的人都要看的。

一個身穿一號球衣的進攻選手映入了朱婷的眼簾，尤其是當她一躍而起後，緊接著是行雲流水般的扣殺，排球竟然在空氣中發出砰的巨大聲響。面對這樣強勁的扣殺，別說是在瞬間判斷它的落點，就算是提前預知了落點，又有多少人敢用手去接住這飛彈般的一球呢？

「一號球員是誰？」朱婷下意識地問了一句。

省隊教練詹海根略帶詫異：「她，妳都不認識？」

朱婷憨憨地搖了搖頭。剛從農村出來的她，連排球都是第一次見到，更別提認識排球隊員了。

詹海根清了清嗓子，滿懷敬意地說道：「那個時代我們中國女排的驕傲，『鐵鎯頭』郎平！」

朱婷點了點頭，心中對自己說了一句：這才是排球進攻選手該有的樣子！

誰都不知道的是，朱婷已經把這位身穿一號球衣的前輩當作目標，開始努力向她靠近了！

排球這項運動，別看在賽場上打起來激情似火，一到訓練場上訓練的時候，可是比做數學題還要枯燥。尤其是基本功訓練，除了墊球和傳球，還是墊球和傳球，一般隊員都會想盡一切辦法在訓練時偷點懶，她們總會說：「反正排球是一項團體競技運動，上場好好打就行了，訓練時偷點懶沒問題的。」

所以只要教練去上廁所，姑娘們就會偷偷把球放下休息一會兒，聊聊最近追的明星又有什麼新聞。其實教練心裏也都清楚，總是睜一隻眼閉一隻眼，畢竟她們還是一群剛上初中的孩子呢，只要完成規定好的訓練量就行。

在姑娘們開心聊天的時候，一個極其規律而又熟悉的墊球聲卻一直響著。姑娘們連看都不用看就知道，那是「小傻子」朱婷。自從那次看完錄影後，朱婷就把所有時間都放在排球上了，哪怕現在學習的只有墊球和傳球。尤其是墊球，其他姑娘墊一百個球就已經自豪地想多休息一會兒了，朱婷一口氣墊了三百多個球還能接著墊呢！

很快，她們就開始學習扣球了。而朱婷的第二個天賦也展露了出來，就是跳得比所有人都高。你可能會問，跳得高有啥用啊？打排球又不是比賽跳高。

這你就不懂了，如果你能跳得很高，那麼你的擊球點就會更高，在這種情況下扣殺時，無論是球的速度還是衝擊力都會急速上升。更重要的一點是，一般情況下的高擊球點扣殺，都能打到對方攔網隊員的手指尖上，讓球直接彈到界外得分。

雖然手臂和手腕上的技巧還沒有學習很多，但這時候的朱婷已經是球隊裏最強的隊員了，不僅是在扣殺方面，各方面都很強。

將一切都看在眼裏的教練知道，朱婷這個小傢伙若是好好培養，日後一定能闖出大名堂。只是像她這樣的天才，必須要去更好的地方訓練，去見識更強的人才行。

二〇一三年，朱婷的排球生涯到了下一站，就是中國國家隊！更令她激動的是，此時的中國國家女子排球隊的指導，就是那個穿一號球衣的主攻手——郎平！

朱婷初次見到郎平的時候，激動得不知道說什麼好。在那無數次看錄影帶的日子裏，她是多麼希望能真的見到郎平啊！但人就是這麼奇怪，真正看到那個日思夜想的人時，朱婷卻呆呆地說不出一句話。

傻姑娘朱婷兩隻手背在身後，眼睛直愣愣地看著木地板，心想：是該問她為什麼穿一號球衣呢，還是問被人叫「鐵鎯頭」會不會很開心呢？算了，要不就問該怎麼像她一樣扣球吧，這樣好像更合適一點兒。不對，不對！應該先問好！

而鬢髮微白的郎平像看自己的女兒一樣，細細打量著朱婷，突然問了一句：「妳小時候吃得怎麼樣？」

「啊？挺好……挺好……」朱婷趕緊回話。

郎平溫和地點了點頭，便離開了。

這可問蒙了朱婷，沒想到和郎平指導的初次見面，竟然說了這樣一通摸不著頭腦的話。也許你和此時的朱婷一樣想不清楚，但你還記得在體校的時候，朱婷的一個小問題嗎？沒錯，就是營養不良。郎平在看到朱婷第一眼的時候就知道，這個好苗子是在沒有好營養的情況下長大的。

而在國家隊，隊員們訓練的強度根本不是在體校裏能比的。別說小姊妹們趁著教練上廁所時聊聊天了，就算是郎指導在十公里以外，女排隊員們在墊球時都不敢出一口大氣。也正是這樣的訓練強度，讓朱婷在剛來的時候，就因為過度疲勞而被送進醫務室。

躺在醫務室的床上，朱婷拉著郎平的手說：「我會不會被踢出國家隊？」

郎平點了點頭：「會，身體素質差成這樣怎麼打排球？」

淚水滑過朱婷的臉頰，但堅強的朱婷還是用平和的語氣說：「可我想打排球……」

郎平聽到這句話忍不住噗哧笑了出來：「真想打排球？」

「真想……」朱婷快要哭出聲了。

忽然，郎平把一大袋子東西甩到了朱婷身上，嚴厲卻慈愛地對朱婷說：「要真想，妳就聽我的話，把這袋子東西吃了！」

朱婷趕緊打開袋子，發現裏面裝滿了來自美國的保健品。

「那天我問妳小時候吃得怎麼樣，就已經看出來妳營養不良了。妳怎麼不實話實說呢？」郎平輕輕敲了敲朱婷的腦袋說，「妳的小臉都黃成這樣了，還有這瘦胳膊，真不知道妳是怎麼打出那麼好的扣球的。」

朱婷聽到這兒，高興地告訴郎平：「那是因為我一直在學您在錄影裏的打法。」

「那妳還挺幸運，趕緊把病養好了，我教妳些錄影裏學不到的。」郎平笑著推開醫務室的門，回頭說：「按時按量吃保健品，然後休息好了趕緊回來！」

「嗯！」看著郎平離開，朱婷趕緊抹去臉上的淚水，準備更努力地訓練來報答郎平。

可令朱婷沒想到的是，郎平第一節課教她的竟然不是扣球，而是接球和一傳。朱婷當然不敢問原因了，但她的小心思被郎平看得一清二楚。郎平直爽地告訴朱婷：「排球不是一個人的運動，妳一個人扣得再強，不能和隊員配合也是白搭。妳是天生的進攻選手，甚至會超過我，但在個人防守上要是出了問題，我還是會把妳換下去的。」

「明白了！」朱婷知道理由後，開始下苦功練習接球和一傳。但似乎是朱婷進攻的天賦實在太高了，老天就故意讓她在防守上出點小毛病，所以在訓練場上，郎平經常要手把手帶著朱婷練習。正是這樣的勤學苦練，讓朱婷慢慢補上了防守這塊短處，變成了真正的全能型選手，也讓她在二〇一四年的義大利世界女子排球錦標賽上獲得了「最佳主攻手」稱號。

在休息的時候，朱婷希望自己能回趟老家，見見自己的父母。在離別的車站裏，郎平拎起一大袋子保健品，一邊催著朱婷趕緊上車，一邊囑咐朱婷：「一定要按時按量吃！要是回來看妳瘦了，我絕對饒不了妳！」

朱婷用力點著頭，臉上幸福的表情都快藏不住了。她可要趕緊上車了，不然真怕自己因捨不得郎指導而留下來。

「郎指導，我走了！」朱婷在車窗內用力揮著手。而站台上的郎平卻嚴肅地做出了吃飯的動作，提醒朱婷一定不要忘了吃保健品。

朱婷開心地舉起袋子，比畫出連袋子也要一口氣吃下的動作，逗笑了郎平。郎平用鼻子哼了一聲後，笑著和朱婷揮手告別，一個人回到了訓練場。

郎平在訓練場回憶著朱婷離開時的樣子，內心泛起了幸福的漣漪。作為一名熱愛排球的運動員，能訓練出一個比自己還要強的新人，是一件多麼偉大而美妙的事情啊！就像一位母親培養自己的孩子一般。而且在看朱婷訓練和比賽的時候，郎平總能看到自己年輕時候的影子。她也知道，青出於藍而勝於藍，雖然現在的朱婷還有這樣那樣的毛病，但在她的指導下，朱婷一定會超過她，成為中國排球史上乃至世界排球史上最偉大的球員！

「果然，新女排的時代到了呢！」郎平笑著喃喃自語，並將手中的排球拋起，用一個乾淨利索的扣殺將球擊過網，說：「我也該努力了，帶著這幫小傢伙超過曾經的我們！」

郎平沒有看錯朱婷，也沒有看錯自己的指導能力，更沒有看錯的是，中國女排的非凡實力。

王者歸來

郎平和朱婷的關係可以用親如母女來形容。當初郎平慧眼識珠，把河南省隊一個名不見經傳的隊員徵召到中國國家隊的時候，所有的教練和隊友都在懷疑，朱婷這個小姑娘行嗎？但是幾場比賽打下來，所有的質疑都變成了稱讚。

袁偉民見到朱婷後評價：「她的身體條件比當年郎平剛出道時要好，要給朱婷最好的訓練條件，在訓練和比賽中保護好她！」而以識人出名的陳忠和更是直接稱讚她：「這是個幾十年才出一個的天才。」

而郎平對朱婷的教導，可以說是毫無保留。這讓朱婷光在扣球上已經學會了大斜線、小斜線、腰線、直線、輕搓、吊心、吊二傳等大量高難度技巧。而朱婷真正的撒手鐧卻不是這些技巧，而是她極其強大的心理素質和對隊友的感染力。只要有朱婷在，女排隊員們就跟吃了定心丸一樣，不懼怕任何困難。再加上有郎平的細心指導，姑娘們已經把二〇一六年巴西里約熱內盧奧運會的冠軍當作目標了。

除了基礎的實戰訓練外，郎平又加上了一個新的訓練方式，那就是讓每一個隊員跟教練一樣，分析並記住各國隊員比賽時的錄影，如果記不住就要受到懲罰。姑娘們一開始並不明白郎平的用意，在度過了極其痛苦的一段時間後，終於明白了中國的一句老話：知己知彼，百戰不殆。

里約熱內盧奧運會如期而至，此時的中國女排和郎平都已經做好了準備，要在這裏一展拳腳了。可剛到里約熱內盧，一大堆麻煩就全找上門來。

舉辦奧運會是一個國家綜合實力的展現，就像中國的二〇〇八年北京奧運會，各國運動員來到中國後的衣食住行、訓練條件都是世界一流水準的，讓全世界都知道了我們中國的實力。然而巴西並非那樣富強，在舉辦奧運會的能力上存在不足，女排隊員們連賽前訓練的場地都沒有。

但困難在中國女排隊員的眼中都不是問題。姑娘們心裏清楚，在每一場比賽中發揮最好的水準才是她們該想該做的事情。然而在比賽中，新的麻煩又出現了。

那就是中國女排被分到了有「死亡之組」之稱的B組，需要與塞爾維亞隊、美國隊、荷蘭隊、義大利隊和波多黎各隊爭奪八強中的四個席位。郎平教練認為，除了波多黎各隊外，其他四個對手都是歐美勁旅，要打敗哪個都不容易。

在比賽中，命運之神就像戲弄中國隊一樣，讓女排姑娘們第一場就輸給了荷蘭隊——一支從未贏過中國女排的球隊。

而在面對塞爾維亞隊的時候，因為對方戰術和陣容都突然變更，打了中國隊一個措手不及，中國女排以〇比三慘敗。這下女排姑娘們都慌了，下一場比賽該怎麼打？而下一場比賽更難打，她們要面對的是美國隊，美國可是排球的發源地。郎平知道，這一戰勢必難打，她很清楚美國隊的水準是可以爭奪冠軍的。果然，中國女排又以一比三輸給了美國隊。

不幸中的萬幸，中國女排以兩勝三負的成績排名小組第四，勉強擠進四分之一決賽。

姑娘們回到宿舍後再也忍不住了，一個個都大哭起來。她們真的太絕望了。四年前就止步於倫敦奧運會的四強，難道現在要以更差的成績離開里約熱內盧嗎？接下來的四分之一決賽，作為 B 組第四名的她們要和 A 組的第一名，也是上兩屆奧運會的冠軍巴西隊對戰，勝算更小了。

這個時候，郎平推門進來了，手裏拿著一疊飛機票。姑娘們看到郎平，心裏才算踏實了一點兒，抽泣的聲音低了下去。

郎平看著這幫姑娘，臉上雖然冷靜，但心裏都快心疼死了。作為一個母親，有誰能忍心看著自己的孩子絕望地哭泣呢？

「別怕了，我知道妳們面臨的壓力有多大，我也能明白妳們現在多麼不想去打下一場，我也給妳們買好了回家的機票。」郎平把票分給了各位隊員，接著說：「但我對大家就一個要求，那就是別忘了，我們中國女排輸球不輸人。就算下一場比賽沒有任何機會，我們也要拚盡全力打完這場比賽，知道了嗎？」

聽完郎平的這一番話，女排隊員們都停止了啜泣，陷入沉默。她們心裏也在打鼓，不知道自己還能不能發揮出最好的水準來面對下一場比賽。

這個時候，朱婷站了起來，跟郎平說：「我知道了。雖然不能保證打得贏，但我會盡全力的，不然這幾年的保健品就真的白吃了。」

這句話一下子就逗笑了所有的姑娘，郎平也笑著說：「妳真的是個排球天才啊！就這樣吧，妳們想清楚了，咱們就去訓練，準備最後一場比賽。別忘了，女排精神的核心不是輸贏，而是我們一起盡全力拚搏。」

郎平說完這句話就離開了宿舍，而姑娘們這個時候也都跟換了一個人一樣，心中充滿了昂揚的鬥志。朱婷第一個打開門，回頭跟大家說：「走吧，別讓郎指導等咱們！」

對戰巴西隊的時間終於到了。整個場地裏飄滿了黃綠色的國旗，響著巴西的國歌，現場的巴西觀眾似乎已經在為勝利而歡呼了。

中國隊在巨大的壓力下表現得十分冷靜，可比賽的慘烈程度還是超出了郎平的想像，第一局的比賽竟以十五比二十五的比分結束。整個場地內再次響起了巴西國歌，我們中國姑娘們內心可真的是太煎熬了，眼前的一切似乎都在暗示著中國隊已經輸了。但郎平卻意外發現了一件事，並立刻和姑娘們說了一句：「穩住，我們現在有贏的機會了。」

這還能有贏的機會嗎？女排隊員們眉頭皺了起來。但無論如何，她們願意相信郎平的話。

第二局比賽果然有了轉機！尤其是朱婷，發揮了巨大的作用。她的每一次扣球都能保證球在最高點以最大力量射出，這一下把巴西隊打蒙了。一般情況下，第一局打成那樣，對手都會早早放棄，或者因心理防線崩潰而導致錯誤百出，可這個朱婷怎麼愈打愈冷靜了呢？

第二局馬上就要到尾聲了，巴西隊的核心隊員謝拉決定速戰速決。在排球被隊友高高拋起的瞬間，謝拉拚盡全力打出一記直線球。然而，中國隊的朱婷竟立刻將球攔了下來。

朱婷的舉動震驚了謝拉。從來沒有人能接下自己的這種球，這個朱婷到底是什麼來頭？

但朱婷才沒工夫想這些，她沉著冷靜，一記扣球，帶著中國隊拿下了第二局比賽的勝利。

場內的觀眾都沸騰了，尤其是中國的觀眾，他們完全沒想到中國隊竟然會在第二局反敗為勝。

將一切都看在眼裏的郎平知道，驕兵必敗這個道理是亙古不變的。第一場的驕傲和第二場的失敗必然會讓巴西隊陣腳大亂，而現在，就是擊敗巴西隊最好的時機。

果然，在第三局和第四局的比賽中，巴西隊失誤頻出，而朱婷卻愈打愈冷靜，甚至把整個比賽的節奏都掌控在了自己手中。

一步，兩步，起跳，後仰……瞬間繃緊肌肉後扣球！朱婷慢上快打的節奏瞬間擊潰了巴西隊的防線。一個巴西隊員喘著粗氣問：「這怎麼可能防得住？她和所有人的打法都不一樣！」

沒錯，一般的進攻選手都是三步起跳來增加彈跳和擊球的力量，但只有朱婷是兩步起跳。這樣的節奏讓對方完全不能適應。而朱婷更強大的一點是，她在扣球的時候，眼睛是睜開的。一般進攻選手在扣球的一瞬間，眼睛都是閉上的，但朱婷卻能夠睜開眼睛，在扣球的瞬間還能瞄準、打手。這也是巴西隊完全無法防禦朱婷的原因——朱婷的球一定會扣在對方攔網隊員的手上出界。

在接下來的廝殺中，雙方激戰到了第五局，此時比分十四比十二，中國隊只需要再拿下一分就能勝出！

這時，看台上的小男孩吉馬雷斯趴在媽媽的懷裏哭了。場館裏響起了巴西國歌，黃綠色的人潮此起彼伏，氣勢之宏大似乎能吞沒中國隊，彷彿巴西隊已經奪得了冠軍。

就在這時，郎平悄悄地跟朱婷說了一句：「準備後攻。」

朱婷一眼看向巴西隊的主攻手謝拉，瞬間明白了郎指導的毒辣眼光。在這麼慌亂的情況下，謝拉的情緒已經有了很大的起伏，這個時候只要盯緊她，一定能看出她的破綻。

朱婷點了點頭，回到賽場上。

郎平的直覺是對的，在中國女排多次的追殺下，謝拉的破綻愈來愈多。終於，在朱婷的一記重扣下，場內的一切都安靜了下來。因為沒有任何人會想到，本來面臨出局的中國女排，竟然打敗了想要衛冕的巴西隊！

觀眾席上所有的巴西人都沉默了，黃綠色的國旗不再飄揚。他們不敢相信，巴西隊竟然輸給了幾乎一路都是敗績的中國女排。

女排隊員們發瘋一般擁向郎平，可郎平只是淡淡地笑著說：「我們去把機票退了吧，看來還有兩場呢。」

在中巴之戰前，郎平收到了不少好友發來的消息。她統一回覆：「頑強拚搏是中國女排的名字，我們永不放棄。」

在奪冠之後，郎平接受採訪時說：「我們把每場比賽都當作這次奧運會的最後一場比賽來打，擺的位置低。老實說，對手無論經驗還是能力都是超過我們的，所以我非常滿意隊員們的表現。」

就這樣，里約熱內盧奧運會上的厄運被女排姑娘們艱難斬斷。在接下來的比賽裏，調整好狀態的她們，在準決賽上擊敗了荷蘭女排，進入最終的決賽，即將和強敵塞爾維亞隊一決高下！

塞爾維亞女排隊員人高馬大，在發球方面相對於中國女排有著不小的優勢。而她們的主攻手米哈伊洛維奇更是實力不輸朱婷的一線球星。

中國女排不會因此而放棄，相反，她們要一雪前恥，將冠軍的獎盃奪回。

第一局的比賽，塞爾維亞隊給了中國隊一個下馬威，以二十五比十九結束賽局，但此時的中國女排心理承受能力早就和當初不一樣了。在經歷了這麼多風風雨雨後，她們心裏清楚得很，不到最後關頭，誰也不知道結果究竟如何。更何況走到這最後一步，雙方拚的早已不是球技和戰術了，而是毅力和心態。

在第二局和第三局的比賽中，穩重的中國女排果真連扳兩局，反超塞爾維亞隊。比賽進入第四局，塞爾維亞隊開始失誤頻出。

注重攻擊的塞爾維亞隊，防守一直是弱項。只是在之前的比賽中，由於從未給過對手任何喘息的機會，才奪取了一次次勝利。她們沒想到的是，中國女排竟然如此頑強，將比賽拖到了自己的疲軟期。

第四局比賽，比分到了二十四比二十三。只要中國隊再拿下一分，就能收穫時隔十二年的奧運會冠軍。對塞爾維亞女排而言，只有防下這一球，才能將比賽拖入加分階段，才有機會翻盤。

中國隊的主教練郎平忽然叫了暫停，並跟一個女隊員耳語了兩句。這個舉動讓塞爾維亞女排陷入了思考：難道，中國隊還有什麼祕密武器不成？

一會兒，一名新隊員被換上場，她就是排球小將張常寧。

張常寧雖然來自氣候溫潤的「魚米之鄉」江蘇，但她有著一米九五的身高。張常寧出生於一個排球世家，她的父親和哥哥都是中國男排的主力隊員。傲人的身高給張常寧帶來過不少麻煩，畢竟在每一場比賽中，只要她一出場，所有人的目光都會被她吸引，而她的對手們也都會死死防著她。

這一次比賽也是這樣，但好在塞爾維亞隊並不熟悉張常寧的打法。

比賽繼續，張常寧抬起纖細的手臂，輕輕將排球拋起，潔白的排球在空中旋轉。這一刻，時間似乎停滯下來，所有人的眼睛都盯著那個即將決定勝負的球的動向。

啪！在一聲乾淨利索的擊球聲後，排球如同子彈般刁鑽地飛向塞爾維亞隊的場地。塞爾維亞隊的隊員們立刻撲向這個球，她們心裏知道，這一球，必須接起來！

看到塞爾維亞隊全力救球，郎平嘴角浮現出了安心的笑意。

張常寧那一記刁鑽的發球吸引了塞爾維亞隊所有隊員的注意力，她們奮力將球救起，但她們絕對想不到，惠若琪早已守候在一旁，伺機而動。

惠若琪看準機會，依靠自己的身高優勢全力一躍，伸長手臂，拚盡全力擊下那一球。塞爾維亞隊已經來不及補救了，砲彈一般的排球重重打在了塞爾維亞隊的場地上。

哨聲響起，比賽結束，中國隊勝利！

中國女排姑娘們跳著，叫著，笑著，彼此擁抱，有的忍不住大聲哭泣。是啊，誰都沒有想到，這次的奧運征程竟然如此曲折，而且最終竟然還拿到了冠軍！郎平也忍不住流出了眼淚。是啊，她們所付出的一切都值得了。

在領獎的那一刻，中國國旗滿場飄揚。十二年的屈辱，在這一天終於全部洗刷了。

對於郎平指導而言，她自己也創造了一個歷史，那就是作為女排運動員時拿到過奧運冠軍，作為教練又帶領國家隊拿到了奧運冠軍。而這一切，都源於她對排球這項運動的喜愛，因為這是郎平為之付出一生的事業啊。

成功的背後是郎平長期默默忍受病痛的折磨以及艱苦卓絕的付出。由於長期超大強度的訓練，郎平的兩個股骨頭軟骨損傷嚴重，不能正常行走。為了不影響中國女排新奧運週期的備戰工作，里約熱內盧奧運會後，郎平先後進行了兩個髖關節置換手術。就是在這樣的身體狀況下，郎平第一時間回到訓練場，告誡隊員「走下領獎台，一切從零開始」。

在郎平看來，女排精神其實貫穿於日常訓練。「不是贏了球就是女排精神，輸了球就沒女排精神。」郎平說。「我們的訓練一直非常刻苦，如果成績不夠好，說明我們的技術還不夠好，還可以再努力。我不想贏了球就談女排精神，也要看到隊員們努力的過程，我們其實就是做好每一天，如果這場球輸了的話，我也會說隊員非常努力。」

始終以榮譽為先，無私奉獻，團結協作，艱苦創業，自強不息。幾十年來，女排精神一直散發著耀眼的光輝，感動和鼓舞了無數的中國人。它讓我們知道，只要頑強拚搏，永不放棄，不管條件多麼艱難，不管對手多麼強大，都可以不斷超越自我，創造輝煌。

而中國女排也絕不會就此停下腳步，沉醉於冠軍的榮光之中，因為接下來，她們將繼續披荊斬棘，讓全世界都知道，中國「女排精神」的核心不是輸贏，而是我們一起盡全力拚搏！

國家圖書館出版品預行編目 (CIP) 資料

中國女排 / 葛競著 . -- 第一版 . -- 新北市 : 風格司藝術創作坊出版 ; [臺北市] : 知書房發行 , 2020.03
面； 公分 . -- (嗨 ! 有趣的故事)
ISBN 978-957-8697-78-2(平裝)

1. 排球 2. 運動員 3. 中國

528.954 109001498

嗨！有趣的故事

中國女排

作　　者：葛　競
責任編輯：苗　龍

發　　行：知書房出版
出　　版：風格司藝術創作坊
235 新北市中和區連勝街 28 號 1 樓
電　　話：(02) 8245-8890

總 經 銷：紅螞蟻圖書有限公司
台北市內湖區舊宗路二段 121 巷 19 號
電　　話：(02) 2795-3656
傳　　真：(02) 2795-4100
http://www.e-redant.com

版　　次：2020 年 11 月初版　第一版第一刷
訂　　價：180 元

ISBN 978-957-8697-78-2
Printed inTaiwan

Hi! Story